こども

きせつのことば絵じてん

小型版

神野紗希 監修　三省堂編修所 編

三省堂

この絵じてんの特長と使いかた

はるが いっぱい
こうえんには いろいろな はなが
さいていたよ。
ぽかぽかして きもちいいので、
ねむたくなっちゃった。
4がつに なると、たくさんの
くさや きが はなを さかせます。
むしたちも、はなの みつを
もとめて とびまわっています。
はる たけなわ 春たけなわ
1ねんの うちで いちばん
はるらしい とき。
はるた 春田
いねの なえを うえるまえの
たんぼ。
ひりょうに するため
れんげ（→31ページ）の はなを
さかせることも ある。
せいめい 清明
はるに なり、
ありとあらゆるものが
たんぽぽ（→30ページ）
みつばち（→34ページ）
もんしろちょう（→34ページ）
ごぎょう（→31ページ）
わかくさ 若草
めを だして すぐの
みずみずしくて やわらかい
くさ。
のどか
おだやかに はれた
はるの ひの のんびりと
のあそび 野遊び
はなを みたり、
くさを つんだりして
20

タイトル

その見開きで取り上げたテーマを示しています。

リード文

テーマに対して、子どもが感じることや、疑問に思うことをまとめました。

1 各季節のことばを、春夏秋冬4つの章に分けて紹介

時候や動植物、食べ物、くらしや行事などさまざまな分野のことばを季節ごとに取り上げています。

2 絵本感覚で読めるわかりやすいイラスト

イラストをメインに構成しているので、季節のことばに初めて触れる子どもも、絵を見て理解することができます。

3 本文はすべてひらがな・カタカナ

幼児の「読んでみたい」という気持ちに応えられるよう、子ども向けの本文はすべてひらがな・カタカナで表記しています。

おうちのかたへ

各テーマの内容について、本文で説明できなかった事柄の補足やことばの紹介、本文に関連した季節をより楽しむためのヒントなど、大人向けの情報をまとめました。

季節に関係するさまざまなことばを紹介

各季節を象徴するような事物を取り上げ、それらに関連する、季語を中心としたことばをイラストとともに解説しています。

子どもの興味を広げるコラム

各季節を詠んだ俳句と季語をイラストとともに紹介しています。

4 見開き単位の構成でどこからでも読める

1テーマ1見開きで構成しているので、子どもが興味を持ったどのテーマからでも読むことができます。

もくじ

はるの ぎょうじと くらし② …… 40
はるの ぎょうじと くらし③ …… 42
はるの おわり …… 44
● はるを よんだ うた …… 46

2 なつの ことば

はるから なつへ …… 48
なつの はじまり …… 50
なつが いっぱい …… 52
なつの てんき …… 54
なつの そら …… 56
なつの かぜ …… 58
なつの あめ …… 60
つゆの ずかん …… 62
なつの はなと き …… 64
なつの いきもの …… 66
なつの たべもの …… 68
なつの ぎょうじと くらし① …… 70
なつの ぎょうじと くらし② …… 72
なつの ぎょうじと くらし③ …… 74
なつの おわり …… 76
● なつを よんだ うた …… 78

3 あきの ことば

なつから あきへ …… 80
あきの はじまり …… 82
あきが いっぱい …… 84
あきの てんき …… 86
あきの そら …… 88
あきの かぜ …… 90

あきの あめ …… 92
あきの はなと き …… 94
こうようずかん …… 96
あきの いきもの …… 98
あきの たべもの …… 100
あきの ぎょうじと くらし① …… 102
あきの ぎょうじと くらし② …… 104
あきの ぎょうじと くらし③ …… 106
あきの おわり …… 108
● あきを よんだ うた …… 110

4 ふゆの ことば

あきから ふゆへ …… 112
ふゆの はじまり …… 114
ふゆが いっぱい …… 116
ふゆの てんき …… 118
ふゆの そら …… 120
ふゆの かぜ …… 122
ふゆの あめ・こおり …… 124
ゆきの ずかん …… 126
ふゆの はなと き …… 128
ふゆの いきもの …… 130
ふゆの たべもの …… 132
ふゆの ぎょうじと くらし① …… 134
ふゆの ぎょうじと くらし② …… 136
ふゆの ぎょうじと くらし③ …… 138
ふゆの おわり …… 140
● ふゆを よんだ うた …… 142
● はいくを つくってみよう …… 143
にじゅうしせっきと ぎょうじ …… 144
さくいん …… 巻末

序

にほんの はる・なつ・あき・ふゆ

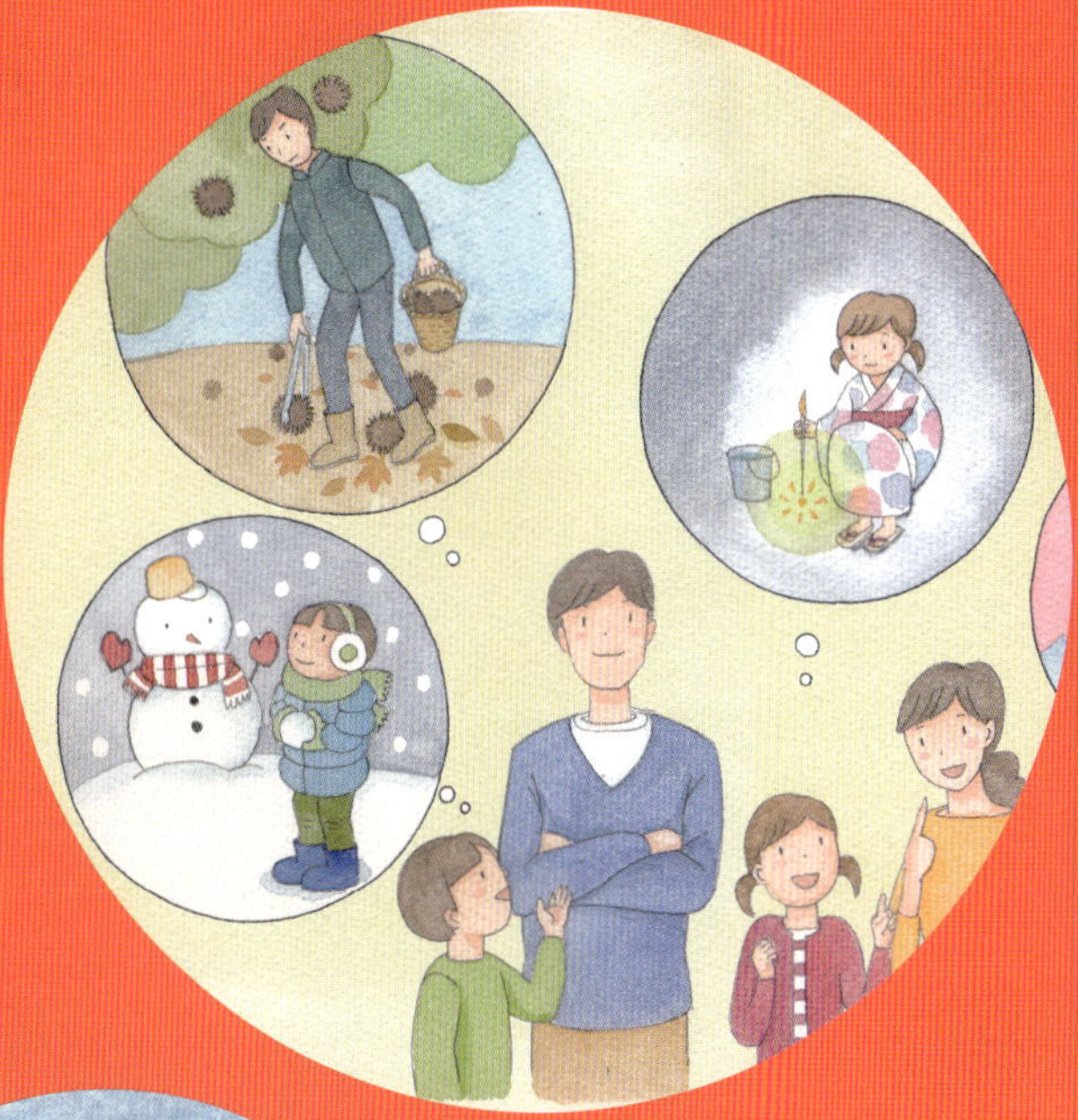

にほんの いちねん

はる、なつ、あき、ふゆ。
にほんには 4つの きせつが
あるんだって。
きみは どのきせつが すき？

にほんには、
はる、なつ、あき、ふゆと いう
4つの きせつが あり、きせつと
ともに そらの ようすや、
のやまの けしきも
うつりかわります。
おいしい たべものも
きせつによって かわります。
また、にほんでは、きせつごとに
ぎょうじが たくさん あり、
いろいろな
たのしみかたが
あるのです。

すきな きせつは
どのきせつかな。
かぞくで はなしてみよう。

おうちの かたへ

日本には、美しい四季の移り変わりがあり、それぞれの季節を楽しむ文化があります。春には花見、夏には海水浴や花火、秋には月見、冬には雪遊びなど、楽しみ方はさまざまです。また、季節ごとの旬の食べ物を食べるという文化もあります。このように四季の変化と密接に関わってきた日本人は、多くの季節の言葉を生み出しました。季節の言葉は、生活の中で実際に見聞きした体験と結びつき、子どもたちの中に定着します。

この本では、たくさんの言葉を紹介していますが、言葉を覚えるツールとして使うだけでなく、四季折々に家族と重ねる体験を豊かにする契機として使っていただければ幸いです。

むかしの きせつと いまの きせつ

まだ そとは とても さむいのに
きょうは はるの はじまりの ひだって
おかあさんが いっていたよ。
はるを みつけに いこうかな。

みなさんは、 それぞれの きせつが いつ はじまるのか しって いますか。 カレンダーを みると、 むかしの ひとが きめた きせつの はじまりの ひが かいて あります。

たとえば、 2がつ よっかごろの りっしゅんは、 はるの はじまりの ひと されて いますが、 まだまだ さむい ひが つづきます。 からだに かんじられる きせつは ふゆでも、 このころから すこしずつ はるが やって きます。 はる、 なつ、 あき、 ふゆ、 それぞれの きせつの うつりかわりを みの まわりで さがして みましょう。

はるの はじまり
（りっしゅん 立春 ➡16ページ）
2がつ よっかごろ。 まだ そとは さむいが、 ちいさな くさばなが めを だしはじめる。

なつの はじまり
（りっか 立夏 ➡48ページ）
5がつ むいかごろ。 きが あたらしい はっぱを だしはじめる。

むかしの きせつ

むかし、こめづくりを していた
ひとたちは、たうえや いねかりなどの
じゅんびを するのに、
てんきや きおんなどの へんかを
かんじとることが たいせつでした。
そのために、1ねんを
24の きせつに わけ、
そのめやすと しました。
これを にじゅうしせっき（↓144ページ）と
いいます。

あきの はじまり（りっしゅう 立秋 ↓80ページ）

8がつ ようかごろ。
まだ ひざしは つよいが、
ときどき すずしい かぜが
ふく。

ふゆの はじまり（りっとう 立冬 ↓112ページ）

11がつ ようかごろ。
まだ こうようは
のこっているが、
あたりの くさが かれて
さびしい かんじが する。

おうちの かたへ

暦の上では、「二十四節気」の「立春（2月4日頃）」「立夏（5月6日頃）」「立秋（8月8日頃）」「立冬（11月8日頃）」を、各季節の始まりとしています。いっぽう、気象庁では、3月から5月を春、6月から8月を夏、9月から11月を秋、12月から2月を冬と定めています。暦が定める季節よりも、気象庁の定める季節のほうが、実際の季節感に近いかもしれません。

　季節は、時間をかけて少しずつ移り変わります。立春を過ぎれば、まだ寒い冬の中にも、きっと春の兆しを見つけることができるでしょう。暦の上での季節を意識しながら、移り変わる季節の気配を探してみましょう。

きせつの ことばを あつめてみよう

はると いったら どんなことばを おもいだす？ いろいろな きせつを あらわす ことばを あつめてみよう。

はる、なつ、あき、ふゆ、それぞれの きせつを あらわすものや ことがら、ことばは たくさん あります。みの まわりで さがしてみたり、ほんを よんで しらべたり、おうちの ひとに きいてみたり して たくさん あつめてみましょう。

みの まわりで さがす

いえの そとや なかなどで、そのきせつを あらわすものを みつけてみよう。

はる

たんぽぽ （↓30ページ）

かわいい
たんぽぽ。

なつ

にゅうどうぐも （↓56ページ）

おおきな
にゅうどうぐも。

あき

くりごはん （↓100ページ）

くりごはん、
おいしい！

ふゆ

ゆき （↓126ページ）

ゆきで
まっしろ！

ほんを よんで さがす

いろいろな ほんを よんで、
みの まわりでは みつけられない
きせつの ことばを さがしてみよう。

のどか…。
のあそび…。

おうちの ひとに きく

おうちの ひととの はなしのなかで
でてくる きせつの ことばを
あつめてみよう。

しんりょくが
きれいだね。
しんりょく
（→48ページ）

きごって なに？

はいく（→14ページ）と いう
みじかい うたで つかわれる
きせつを あらわす ことばです。
きごは、はる、なつ、あき、
ふゆ、しんねんの
5つの きせつに わけられています。
このほんでは、きごを ちゅうしんに
たくさんの きせつの ことばを
あつめています。

はなふぶき、
はないかだ、
はなみ…。

おうちのかたへ

この本では、たくさんの季節の言葉を紹介しています。四季を表す言葉、例えば、春なら「桜」、夏なら「海水浴」、秋なら「紅葉」、冬なら「雪遊び」など、耳にしただけでその季節を思い浮かべることのできる言葉を数多く掲載しています。

このような季節の言葉は、俳句や連歌などで用いられ、「季語」と呼ばれます。季語には、ものやできごとの名前のほか、その季節の情景や心情を表す言葉も含まれています。例えば、「寒し（→118ページ）」は、単なる寒さだけではなく、心に感じる寒さまでを込めた言葉だと言えます。どのような気持ちが込められた言葉なのか、想像しながら読んでみましょう。

きごを いれた うた ―はいく―

はいくとは、きせつを あらわす きご（↓13ページ）を いれた
みじかい うたのことで、5つ、7つ、5つ（5・7・5）の
おとから できています。
きごが あることで、はいくを よんだ あいても、
はいくが あらわす きせつを
いっしょに かんじることが できます。

なのはなや　つきは　ひがしに　ひは　にしに

（5）なのはなや（7）つきは ひがしに（5）ひは にしに

菜の花や月は東に日は西に　（与《よ》謝《さ》蕪《ぶ》村《そん》）

●5・7・5の リズム

5・7・5の おとの リズムは、
とても ちょうしが よく、
みみに ここちよい。
ただ、かならず、5・7・5に
しなければ いけない きまりは なく、
じかずが あまっても
たりなくても よい。

●きご

はいくには そのきせつを あらわす
きごと いう ことばを いれる。
くさばなや いきもの、てんきや
ひとの くらしに まつわる ことばなど
いろいろ ある。

きご

なのはな（はるの きご ↓30ページ）

はいくの いみ

みわたすと いちめんに
なのはなが さいている。
ひがしの そらから
つきが のぼり、
にしの そらに
ひが しずもうと していて、
そのけしきは とても
うつくしい。

1

はるの ことば

ふゆから はるへ

きょうは おひさまの ひかりが
すこしだけ あたたかいね。
ゆきが とけるのは、まだ さきかな。
はるが とても まちどおしいな。

りっしゅんが すぎて、
さむさが すこしずつ やわらいできました。
はるは すぐ そこまで やってきています。

りっしゅん 立春
はる たつ 春立つ
はる きたる 春来る
2がつ よっかごろ。
はるが はじまると
される ひ。
りっしゅんは
にじゅうしせっき（↓144ページ）の
ひとつ。

そうしゅん 早春
はるの はじめの ころ。
まだ さむいが、
ひざしが あたたかい ひが
ある。

きのね あく 木の根開く
きの ねもとの ゆきが
いちはやく とけて、
まわりの つちが
のぞく ようす。

ざぜんそう
（↓30ページ）

はる さむし 春寒し
りっしゅんを すぎてから
ぶりかえした さむさ。

はる あさし 春浅し

はるに なった ばかりで
まだ さむくて
はるらしくない ころ。

うすい 雨水

ゆきが あめに かわり、
くさや きが めばえはじめる ころ。
にじゅうしせっき（↓144ページ）の
ひとつ。

うぐいす （↓34ページ）

うめ （↓31ページ）

はるめく 春めく

あたたかい ひが おおくなって
すこしずつ はるらしくなる。

うめ ほころぶ 梅ほころぶ

かたく とじていた
うめの はなの つぼみが
すこし ひらく。

ふきのとう （↓36ページ）

はこべ （↓30ページ）

おうちのかたへ

2月4日頃には「立春」を迎え、暦の上では春の始まりとされていますが、この頃はまだ寒さもきびしく、春を肌で感じることはなかなか難しいかもしれません。しかし、この時期には梅の花のつぼみが少しずつ開き、うぐいすもさえずり始めます。梅の花は「春告草（はるつげぐさ）」、うぐいすは「春告鳥（はるつげどり）」とも呼ばれ、昔から春の訪れを教えてくれるものとされ、春の季語になっています。また、雪の中から花を咲かせる「ふきのとう」や、冷たい風にも負けずに咲く「はこべ」の花なども春の季語です。寒い中にも春を感じさせる草花を見つけに、外に出かけてみるのもいいでしょう。

はるの はじまり

ひが あたって あたたかくなると、ゆきが どんどん とけてくるよ。くさばなも すこしずつ はなを さかせはじめているね。

2がつから 3がつに かけて、あたたかい ひが つづくように なりました。たくさんの くさや きが あたらしい めを だしはじめます。

なずな（↓30ページ）
たんぽぽ（↓30ページ）
かえる（↓35ページ）
へび（↓67ページ）

しゅんぎょう 春暁
はるの よあけ。

はるの あさ 春の朝
さむい ふゆの よあけと ちがい、ここちよく すごしやすい。ぽかぽかと ねむたくて つい あさねぼうする ことも ある。

ゆきどけ 雪解け
ふゆの あいだに つもった ゆきが とけて きえていく。

けいちつ 啓蟄
ふゆごもりを していた むしなどが つちのなかから はいでてくる ころ。にじゅうしせっき（↓144ページ）の ひとつ。

はるの かわ 春の川
ゆきどけみずが ながれ、ひかりかがやく かわ。

みず ぬるむ 水温む
くうきが あたたかくなるに つれ、つめたかった いけや かわの みずも あたたかく かんじられる。

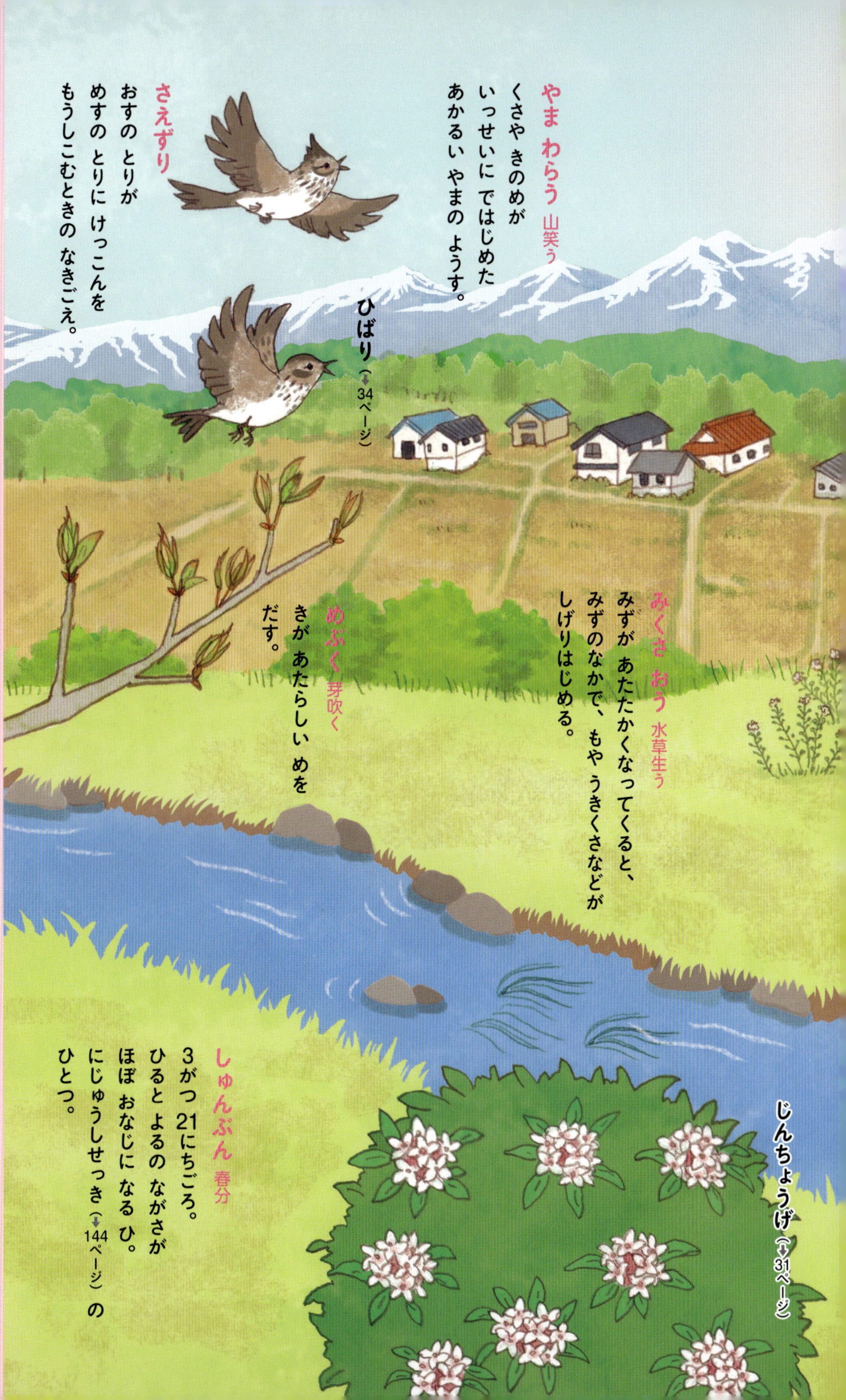

やま わらう 山笑う

くさや きのめが
いっせいに ではじめた
あかるい やまの ようす。

さえずり

おすの とりが
めすの とりに けっこんを
もうしこむときの なきごえ。

みくさ おう 水草生う

みずが あたたかくなってくると、
みずのなかで、もや うきくさなどが
しげりはじめる。

めぶく 芽吹く

きが あたらしい めを
だす。

しゅんぶん 春分

3がつ 21にちごろ。
ひるとよるの ながさが
ほぼ おなじに なる ひ。
にじゅうしせっき（→144ページ）の
ひとつ。

おうちの かたへ

「二十四節気（→144ページ）」では、3月6日頃から「春分」の前日までを「啓蟄」と呼びます。「啓」には「開く」、「蟄」には「冬ごもりをしている虫」という意味があり、虫や動物が冬眠から目覚め、動き始める頃です。この頃に鳴る雷を特に「春雷」と呼び、この雷は冬眠していた虫を起こすとも言われています。

そのため、「虫出しの雷」とも呼ばれ、これらも春の季語です。
啓蟄の後、3月21日頃には春分を迎えます。春分の日を中日として、前後3日間を合わせた7日間を、墓参りなどの行事を行う「彼岸」としますが、「暑さ寒さも彼岸まで」と言われるように、この頃には暖かな春らしい日になります。

はるが いっぱい

こうえんには いろいろな はなが
さいていたよ。
ぽかぽかして きもちいいので、
ねむたくなっちゃった。

4がつに なると、たくさんの
くさや きが はなを さかせます。
むしたちも、はなの みつを
もとめて とびまわって います。

はる たけなわ 春たけなわ

1ねんの うちで いちばん
はるらしい とき。

はるた 春田

いねの なえを うえるまえの
たんぼ。
ひりょうに するため
れんげ（↓31ページ）の はなを
さかせることも ある。

たんぽぽ（↓30ページ）
みつばち（↓34ページ）
もんしろちょう（↓34ページ）
ごぎょう（↓31ページ）

わかくさ 若草

めを だして すぐの
みずみずしくて やわらかい
くさ。

おうちのかたへ

4月5日頃に迎える、「二十四節気（↓144ページ）」の「清明」は、草木が芽吹き、虫や動物たちが元気に活動している時期です。外に出てみると、ありとあらゆるものがいきいきと明るく見え、春が来た喜びをしみじみと感じることができます。

また、お花見シーズンを迎え、人々の新生活が始まるのもこの頃です。上を見れば満開の桜の花が、足元を見れば色とりどりの花たちが咲きほこり、新しい生活を応援してくれているようです。うきうきとする季節、休みの日には、子どもと一緒に公園でお花見をしたり、春の草花を摘んで花輪にしたりして、春を楽しむのもよいでしょう。

せいめい 清明
はるに なり、ありとあらゆるものが いきいきと していること。にじゅうしせっき（↓144ページ）の ひとつ。
つばめ（↓34ページ）
そめいよしの（↓33ページ）
のどか
おだやかに はれた はるの ひの のんびりと しずかな ようす。
しゅんちゅう 春昼
のどかで あたたかく、ねむくなるような はるの ひるまの ようす。
のあそび 野遊び
はなを みたり、くさを つんだりして あそぶこと。
はなつみ 花摘み
のはらの くさばなを つみとること。
すみれ（↓30ページ）

はるの てんき

はるだから あたたかいと
おもって そとへ でたら、
かぜが つめたかったよ。
はるでも さむいときが あるんだね。

はるに なると、ひざしが あたたかくなってきて、
かぜも おだやかに かんじられます。
でも、はるは てんきが かわりやすく、
とつぜん ふゆのように
さむくなったりすることも あります。

うららか
はれた ひ、おだやかに
ひが てっている ようす。

あたたか 暖か
さむくも なく あつくも なく、
ほどよい きおんの こと。

よかん 余寒
りっしゅん（↓16ページ）のあと、
まだ さむさが
のこっている こと。

かんの もどり 寒のもどり
りっしゅんより
なんにちか たったあとに
また さむさが ぶりかえすこと。

はなびえ 花冷え
さくらの さく ころに、
すこしの あいだ
ひえこむ こと。

しゅんらい 春雷

はるに なる かみなり。
なつの かみなりほどは
ながくは つづかない。

しゅんせつ 春雪

はるに ふる ゆき。
おおつぶで、
つもらずに すぐ きえる。

かすみ 霞

のやまや たてものなどに
かかった うすい
くものようなもの。
そのさきに あるものが
かすんで みえる。

しんきろう 蜃気楼

とおくの けしきが
のびて みえたり、
うみの うえに
うかんで みえたり
すること。
あさは さむく、
ひるが あたたかくなる
よく はれた ひに
みえやすい。

かげろう 陽炎

じめんや けしきが ゆらゆらと
ゆれて みえること。
あたたかくて、かぜの ない ひに
みえやすい。

おうちのかたへ

春の天気は毎日のように変わり、不安定です。これは、高気圧と低気圧が偏西風に吹かれて、日本の上空を西から東へと交互に通り過ぎるためです。暖かくなったり、急に冬にもどったように寒くなったり、冷たい雨が降ったりと、日々変わる天気の中で、ぽかぽかとした春らしい日がより一層うれしく感じられるでしょう。

春によく見られる「霞」は春の季語であり、ぼんやりとした穏やかで春らしい景色をつくりだします。時間帯によって、「朝霞」「昼霞」「夕霞」と呼び、夜になると、「おぼろ」と呼び方が変化しますが、すべて同じ現象のことを指しています。

はるの そら

はるの そらは、うすい くもが ひろがりやすく、
しろっぽく かすんで みえます。
ふゆの そらより すこし あかるく、
ひかりが やわらかく かんじられます。

はなぐもり 花曇り
さくらの さく ころの
くもりがちで はっきりしない
そら。

はるの そら 春の空
はるの あたたかい ひの そら。
はれていても かすんで
みえることが ある。

とりぐもり 鳥曇り
あきから ふゆに かけて にほんで
すごしていた わたりどり（➡99ページ）が
きたに かえる ころの
くもりぞら。

はるの くも 春の雲
けんそううんと いう
うすく そらに ひろがる くもや
せきうんと いう
わたがしのような くもが みられる。

ひなが 日永
ふゆは ひるまが みじかいため、
はるに なると、ひるまが
ながく かんじられること。

はるの そらは、
くもっていることが おおいね。
きのうの よるも、つきが ぼんやり
かすんで みえていたよ。

はるの よい 春の宵

はるの ゆうがた。
ひが くれて まもない ころ。
ほっと ひといき ついて、
ねるまでに まが ある、
わくわくする じかん。

はるの よ 春の夜

ふゆと ちがって
あたたかいので、
なんとなく はなやかな
かんじが する、
はるの よる。

はるの やみ 春の闇

つきの ない はるの よる、
いのちの ぬくもりを かんじる
あたたかな やみ。

はるの ほし 春の星

かすんだ そらに
やわらかく ひかる ほし。

はるの つき 春の月

はるの よぞらに やわらかく
ひかる つき。
りんかくが ゆらゆらと
うるんでいる。

おぼろづき おぼろ月

ほのかに かすんでいる つき。
りんかくだけでなく、
ぜんたいが ぼんやりしている。

おうちのかたへ

春の空は、ほかの季節と比べて、ちりなどの細かいごみが空気中に多いため、太陽や月の光がやわらかく感じられます。さらに、冬に比べて空気中の水分が増えるため、潤いが感じられるのも特徴です。

寒くも暑くもなくちょうどよい暖かな夜に、咲きほこる花の香りが漂う中、やわらかに光る月の光が、人々をゆったりとした気持ちにさせてくれるでしょう。

澄んだ空に明るく浮かぶ秋の月とは違い、春の夜には、霞のかかった空に、ぼんやりと浮かぶ「おぼろ月」が見られます。子どもと一緒に月を見て、春の夜を味わってみましょう。

はるの かぜ

かぜで さくらの はなびらが
ひらひらと ちっているよ。
ゆきみたいで きれいだね。
はるには よく かぜが ふくんだね。

はるが おとずれると、
つよい かぜや、あたたかくて
やわらかい かぜが ふきます。

はるいちばん 春一番
りっしゅん（↓16ページ）を すぎて
はじめて ふく、つよい
みなみかぜ。
はるにばん、
はるさんばんも ある。

はるかぜ 春風
はるに ふく、あたたかで
やわらかい かぜ。

こち 東風
はるに ひがしから
ふく かぜ。
こちが ふくと、
すこしずつ あたたかくなる。

うめごち 梅東風
うめ（↓31ページ）の はなが
さく ころに
ふく こち。

ひばりごち ひばり東風
ひばり（↓34ページ）が なく ころに
ふく こち。

ゆうごち 夕東風
ゆうがたに ふく こち。

はるはやて 春疾風

はるに みなみから ふく
あたたかくて つよい かぜ。
あめを ともなうことも
ある。

しゅんじん 春塵

はるの かぜに ふかれて
まいあがる すなぼこり。

このめかぜ 木の芽風

はるに なり、
きのめが
ではじめる ころに
ふく かぜ。

はなあらし 花嵐

さくらの はなが さく ころに
ふく つよい かぜ。
さくらの はなを ちらす。

かぜ ひかる 風光る

はるの ひざしのなかで
ふく かぜが きらきらと
ひかるように かんじられること。

はなふぶき （↓32ページ）

おうちのかたへ

「立春（↓16ページ）」から「春分（↓19ページ）」までの間に吹く風、「春一番」は、もともとはこの強い風を警戒する漁師たちが言い出した言葉だと言われています。春一番が吹く日は気温が上昇しているので、雪を解かし、かたい草木の芽をほぐす風ともされています。春一番のほかにも、春には強い風がたびたび吹くことがあり、ときには「春の嵐」や「メイストーム」と呼ばれる、暴風になります。これは、北からの冷たい風と南からの暖かい風がぶつかり合って、低気圧が発達しやすいためです。

暖かくなり、外に遊びに行きたくなる季節ですが、強い風や急な天気の変化に十分に注意しましょう。

はるの あめ

そらが うすい くもに
おおわれて、しとしとと
しずかに あめが ふりだしたよ。
いつまで ふるのかな。

はるには、あめが よく ふります。
あめが ふるたびに あたたかく なって いきます。

はるさめ 春雨

しずかに こまかく ふる
はるの あめ。
しっとりした かんじが する。

はるしぐれ 春時雨

きゅうに ふりだして、
ふったり やんだりしながら
みじかい じかんで おわる
はるの あめ。

はなの あめ 花の雨

さくらの はなが さく ころに
ふる あめ。

しゅんりん 春霖

3がつから 4がつの ころに
ながく ふる あめ。

なたねづゆ 菜種梅雨

なのはな（↓30ページ）が さく
3がつから 4がつの ころに
ながく ふる あめ。

このめおこし 木の芽起こし

はるの はじめごろに
しずかに ふる あめ。
きのめが ではじめるのを
たすける。

はるの みぞれ 春のみぞれ

めを だしはじめた
くさやきへ
しずかな おとを
たてて ふる、
ゆきの まじった あめ。

はるの にじ 春の虹

はるの そらに
かかる にじ。
いろが あわく、
すぐに きえてしまう。

おうちのかたへ

春になると、低気圧が発達しやすいため、雨の日が多くなり、梅雨の時期のように長く降り続くこともあります。ここで紹介した言葉以外にも、花が咲くのを促すような「催花雨（さいかう）」や、咲いた花々に降り注ぐ「紅雨（こうう）」など、春の雨を表すさまざまな言葉があります。

雨が降ると、外出しにくくなったり、桜の花が散ったりするため、残念に思うこともありますが、春の雨は草木を育てる大切な雨でもあります。また、私たちの生活水として使われる、恵みの雨です。しとしとと静かに降る暖かな春の雨の様子を楽しむのもよいでしょう。

はるの はなと き

はるの のやまには
いろんな はなが
さいているね。
これは なんの はなかな。

あたたかくなると くさや きが めを だし、
のやまや こうえん、みちばたに
いろとりどりの はなを さかせます。

はるに はなが さく くさ

なのはな 菜の花

あぶらなの はな。
なたねとも いう。
なたねづゆ（➡29ページ）は
なのはなが さく ころに
ふりつづく あめ。

たんぽぽ

はなが おわると、
わたげに なって
かぜで とんでいく。

すみれ

むらさきや しろの
はなを さかせる。

はこべ

はるの
ななくさ（➡133ページ）の
ひとつで、
はこべらとも いう。

なずな

はるの ななくさの
ひとつ。
みの ついた
くきを おって まわすと
ぺんぺんと
おとを だすため、
ぺんぺんぐさとも
いう。

ざぜんそう 座禅草

まだ ゆきが のこる
やまのなかに さく。

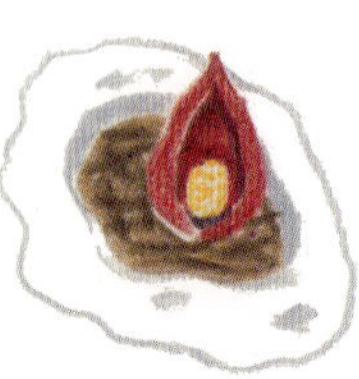

かだんの はな

チューリップ

ヒヤシンス

クロッカス

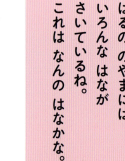

れんげ

たんぼなどに さいている。
げんげや れんげそうとも
いう。

しろつめくさ 白詰草

クローバーとも いう。
つんで はなかんむりなどを
つくって あそぶ。

つくし

つくだにや
たまごとじなどに して
たべられる。

ごぎょう 御形

はるの ななくさの ひとつ。
ははこぐさとも いう。

かたばみ

はっぱは ハートの
かたちを
して いる。

つみくさ 摘草

たべられる
くさばなを
つむこと。

はるに はなが さくき

うめ 梅

まだ さむさの のこる
はるの はじめに、
いちはやく はなを
さかせる。

じんちょうげ 沈丁花

はるの はじめに、
とても よい かおりが する
はなを さかせる。

やまぶき 山吹

はるの おわりに きいろの
はなを さかせる。

ふじ 藤

はるの おわりに
ぶどうの ふさのような
はなを さかせる。

おうちのかたへ

春はさまざまな草花が咲きほこる季節です。ここで紹介した以外にも、「桃の花」や「スイートピー」「ミモザ」「もくれん」など、春の季語とされるたくさんの草木があります。子どもと一緒に外に出かけ、咲いている草木を見つけて、何の花か調べてみたり、それぞれの葉の違いを観察したりするのも楽しいでしょう。

また、春の草花には、色とりどりに咲く様子を目で見て楽しむものだけでなく、「ふきのとう」や「せり」「つくし」など、食べて楽しむものもあります。食べられる草花を摘むのは、春ならではの楽しい遊びです。

さくらずかん

さくらは むかしから にほんで したしまれてきた はなです。
そのため、はなと いう ことばだけで、さくらの はなを さすことも あります。

きょうは かぞくで おはなみに でかけたよ。しろや うすい ピンクいろ、いろんな いろの さくらが あるね。

さくらぜんせん 桜前線
にほんぜんこくに ある さくらが いつごろ さくのかを よそうしたもの。おなじ ひに さくばしょを せんで むすんでいる。

はつざくら 初桜
そのとしに はじめて さいた さくらの はな。

はなざかり 花盛り
はなが じゅうぶんに ひらくこと。

はなふぶき 花吹雪
さくらの はなびらが ゆきが まうように ちること。

はなみ 花見
さくらを みながら しょくじを したりして たのしむこと。

はなむしろ 花むしろ
はなみのときに じめんに しく しきもの。

はなは はに 花は葉に
さくらの はなが ちって はっぱに かわっていくこと。

よざくら 夜桜

よるの さくらの
はな。
ライトで てらした
さくらを みて
たのしむ。

はないかだ 花いかだ

ちった さくらの
はなびらが、
みずに うかんで
いかだのように
ながれていく ようす。

いろいろな さくらの はな

そめいよしの 染井吉野

にほんぜんこくに うえられている
にほんを だいひょうする さくら。

やまざくら 山桜

むかしから やまに はえている
やせいの さくら。

おおしまざくら 大島桜

いずしょとうに おおい さくら。
はっぱは さくらもちを つつむのに
つかわれる。

しだれざくら 枝垂桜

えだが したむきに たれさがっている
さくら。いとざくらとも いう。

おうちのかたへ

「桜」は春の季語とされ、「花」と言えば桜の花を指すほど、昔から現在まで長く人々に親しまれています。平安時代には、貴族たちの間でも桜の花見が人気となり、徐々に庶民にも広まったと言われています。現在でも、3月頃になると、ニュースでは桜前線が発表され、多くの人が桜の開花を待ちわびます。

桜は、昼間だけでなく、夜も楽しめます。夜の桜は、「夜桜」という季語にもなっており、暗闇の中で明かりに照らされた美しい桜の姿はとても見ごたえがあります。
また、桜の花が散り、若葉に変わった姿は「葉桜」と言います。葉桜は夏の季語になっています。

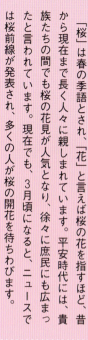

はるの いきもの

さんぽを していたら、いろんな むしや とりを みかけたよ。なんと いう なまえかな。

はるに なると、ふゆの あいだ ねむっていた むしや どうぶつたちも めを さまし、うごきはじめます。

むし

ちょう

うつくしい はねで ひらひらと まう。

もんしろちょう

かいこ 蚕

がの ようちゅう。かいこが だす まゆの いとから きぬいとを とる。

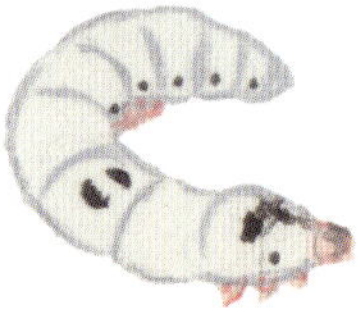

みつばち 蜜蜂

はなの まわりを とびまわり、かふんや みつを あつめる。

はつちょう 初ちょう

はるに なってから はじめて みる ちょうの こと。

とり

うぐいす

3がつごろから ホーホケキョと なく。はるつげどりとも いう。

ひばり

そらを とびながら ピーチュル ピーチュルと なく。

つばめ

はるに なると、みなみの くにから にほんに やってくる。

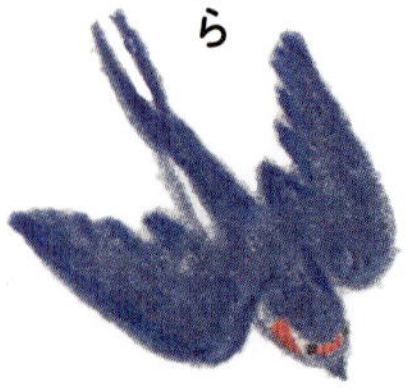

とり かえる 鳥帰る

ふゆの あいだ、にほんで すごしていた わたりどり（➡99ページ）が はるに きたの くにへ かえること。

きじ

はるに なると、おすの とりが ケーンケーンと ないて、めすの とりを よぶ。

いろいろな どうぶつ

かえる
たんぼや いけなどに すむ。
うしろあしを つかって
とびはねる。

おたまじゃくし
かえるの こども。
みずの なかで くらす。

たにし
たんぼや いけなどに
すむ かい。
ふゆの あいだは
どろの なかで すごす。

じむし あなを いず
地虫穴を出ず

あたたかく なると
むしや へび、かえるなどが
つちの なかから でてくること。

やどかり
えびや かにの
なかまで、
まきがいの からを
せおっている。

こねこ
子猫

はるに うまれた
ねこの こども。

ねこの こい
猫の恋

はるの はじめ、おすねこが
けっこんあいてを
さがして、おおきな こえで なく。

こうま
子馬

はるに うまれた こうま。
こうまは うまれて
すぐに たちあがる。

おうちの かたへ

寒い冬を終え、虫や動物が活発になる春は、恋の季節と呼ばれています。ここで紹介した言葉のほか、「鳥の恋」という季語があり、雄鳥が雌鳥を呼ぶためにさえずる美しい声は、春らしさを感じさせてくれます。「うぐいす」や「ひばり」のほかにも、「ほおじろ」なども春にさえずる代表的な鳥で、春の季語です。

また、動物たちにとって春は産卵や出産の季節でもあります。かえるの子どもである、「おたまじゃくし」や、「子猫」「子馬」が春の季語とされるのはそのためです。1年中、私たちの身近にいるすずめも、子育ての春には、「すずめの子」が春の季語とされます。外で虫や鳥を探し、春を感じるのも楽しいでしょう。

はるの たべもの

きょうは ゆうごはんに
ふきのとうの てんぷらが でたよ。
はるにしか たべられない
たべものなんだって。

のやまや はたけ、うみでは、
はるにしか あじわうことの できない
いろいろな たべものが とれます。

わらび
はっぱが ひらくまえの
めを たべる。

ふきのとう
はなが さくまえの
つぼみを たべる。

ふきのとうの
てんぷら

うど
やわらかく、
かおりが ある
わかい めを たべる。

せり
はるの
ななくさ（➡133ページ）の
ひとつ。
めを だして まもない
わかい くさを たべる。

たらのめ たらの芽
たらのきと いう きの
わかい め。
すこし にがみが
ある。

よもぎ
わかい はっぱは
とくに
かおりが よいので、
もちに まぜて
たべる。

よもぎもち

はるキャベツ 春キャベツ
ほかの きせつよりも
はっぱが やわらかく、
あまい。

しんたまねぎ 新玉ねぎ
かわが うすくて
やわらかく、
みずみずしくて
あまい。

そらまめ 空豆
さやが そらに
むかって つくため、
このなまえが
ついている。

そらまめごはん

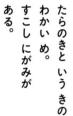

あさり

しおひがり（→42ページ）でも とれる かい。

あさりじる

はまぐり

あさい うみの すなの なかに すんでいる。すいものなどに して たべる。

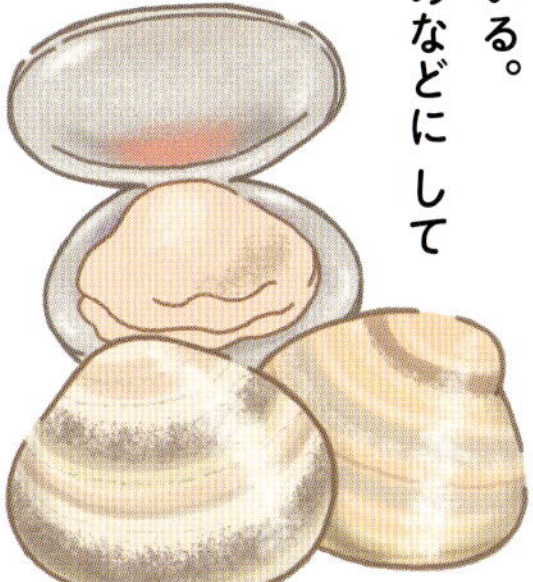

さざえ

つぼやきや さしみに して たべる。

つぼやき

たい

さくらが さく ころに とれる たいは みが さくらいろに なるため、さくらだいとも いう。

さわら

はるに なると たまごを うむため、むれに なって およぐ。

さわらの みそづけ

しらうお 白魚

はるに なると たまごを うむため、かわに やって くる こざかな。からだが すきとおって いるが、ねつを とおすと しろく なる。

しらうおめし

おうちのかたへ

食べ物の栄養が豊富になり、特においしくなる時期のことを「旬」と言います。キャベツや玉ねぎは、春になると、春特有の味わいを持った春キャベツ、新玉ねぎとして売り出されます。また、「わらび」や「ふきのとう」など、春にしか食べられない食材もあり、これらもまた、春の季語になっています。

普段、子どもにとってあまり身近でない食べ物も、この時期にしか食べられないことや、この時期が特においしいということを教えながら食べると、春の喜びをより一層、味わえるかもしれません。また、家族で買い物に行って、旬の食材探しをするのも楽しいでしょう。

はるの ぎょうじと くらし①

もうすぐ ひなまつり。おかあさんと ひなにんぎょうを かざったよ。おひなさまの きもの、とても きれいだね。

はるには ひなまつりや たんごの せっくなど、こどもが げんきに そだつように ねがう ぎょうじが あります。

ひなまつり ひな祭り

3がつ みっかに、おんなのこの しあわせを ねがう ぎょうじ。ももの せっくとも いう。

ひなにんぎょう ひな人形

ひなまつりに かざる にんぎょう。おひなさまとも いう。

めびな
おびな
さんにんかんじょ

ひなまつりでは、けんこうへの ねがいや よい ひとに めぐりあえるようにと いう ねがいを こめた えんぎの よい りょうりを たべる。

ひしもち
ちらしずし
ひなあられ
はまぐり（➡37ページ）の すいもの
ももの はな

たんごの せっく 端午の節句

5がつ いつかに、
こどもたちが つよく げんきに
そだつように ねがう ぎょうじ。

こいのぼり

こいの かたちに
つくった のぼり。
こいが たきを
のぼって
りゅうに なると いう
いいつたえが ある。

かぶと

こどもたちの みを
まもるための
おまもりと して
かざる。

ちまき

ささや たけの はっぱで
つつんで むした もち。

かしわもち 柏餅

あんの はいった もちを
かしわの はっぱで
つつんだ わがし。

ははの ひ 母の日
ちちの ひ 父の日

おかあさんと おとうさんに
ひごろの かんしゃを
つたえる ひ。
おくりものを したり、
おてつだいを したりする。
ははの ひは、
5がつの だい2にちようび、
ちちの ひは、
6がつの だい3にちようびと
きめられて いる。

おうちのかたへ

3月には「桃の節句」、5月には「端午の節句」と、春には2つの節句があります。節句とは、日本の暦の上で季節の節目の日のことです。節句の日には、人々の健康や、子孫繁栄、豊作などを祈ったり、神様にお供え物をしたりします。なお、端午の節句は、夏の季語とされていますが、この本では、現在の季節感に合わせて、春の行事として紹介しています。

桃の節句に食べるちらしずしやひし餅、端午の節句に食べる柏餅やちまきなど、節句に食べる食べ物には、さまざまな願いが込められています。子どもに、その由来を教えながら、一緒に食べて、行事を楽しむのもよいでしょう。

はるの ぎょうじと くらし②

きょうから しょうがっこうが
はじまるよ。
にゅうがくしきは とても
きんちょうするね。

はるは、であいと わかれの きせつです。

そつぎょうしき 卒業式
そつえんしき 卒園式
3がつ、がっこうや
ようちえん、ほいくえんを
そつぎょう、そつえんするときに
おこなわれる。

はるやすみ 春休み
1がくねんが おわって
しんがっきが はじまるまでの
がっこうの やすみ。

にゅうがくしき 入学式
にゅうえんしき 入園式
4がつに なり、
あたらしく がっこうや
ようちえん、
ほいくえんに
はいるときに
おこなわれる。

えんそく 遠足
ひがえりで とおくに
でかける
がっこうや えんの
ぎょうじ。

あたたかくなるに つれ、くらしの ようすも かわって きます。

はるの ふく 春の服

ふゆの おもい ふくから
かるくて いろも
あかるい ふくに かわる。

はるひがさ 春日傘

だんだんと ひざしが つよくなるため、
ひやけを しないように さす。

しゅんみん 春眠

はるの よるの ここちよい
ねむり。

はるの かぜ 春の風邪

きゅうに さむくなったり
あさと よるに ひえこんだりするため、
はるは かぜを ひきやすい。

はるごたつ 春ごたつ

はるに なっても さむい
ひが あるので
しまわずに のこしている こたつ。

はるの ストーブ 春のストーブ

はるの ストーブは、あさと よるに
すこしの じかん つかうだけで、
ひるは わすれられている。

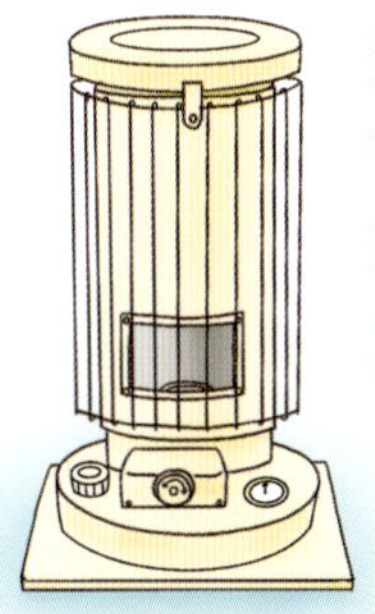

おうちの かたへ

春は、「卒業」や「入学」「進級」などがあり、子どもたちの環境が大きく変わることがあります。大好きな先生、友達との別れや、新しい人との出会いで、さびしさと喜びの感情が入り乱れ、気づかないうちに疲れなども出やすい季節です。子どもが新しい環境に少しずつ慣れていくためにも、おうちでは、ゆっくり話をしたり、一緒に本を読んだりと、安心できる時間をつくってあげるとよいでしょう。

また、この時期は気候も変化しやすく、1日の寒暖差も激しい季節です。季節の移り変わりを楽しみつつも、体調を崩さないように、対策を立てましょう。

はるの ぎょうじと くらし③

うみで たくさん
かいを とってきたよ。
つぎの やすみには やまに
あそびに いきたいな。

はるの うみや のやまでは、
さまざまな あそびを
たのしむことが できます。

はるの うみ 春の海
のどかで しずかな うみ。
すなはまで しおひがりなどを
たのしむ。

はるの なみ 春の波
ふゆの たかい なみと
ちがい、おだやかに
うちよせる なみ。

しおひがり 潮干狩り
しおが ひいた はまで、
あさり （⬇37ページ）などの
かいを とる あそび。

いそあそび 磯遊び
なみの うちよせる いわばなどで
かいや こざかなを とる あそび。

やまあそび 山遊び

あたたかい はるに
のやまで あそぶこと。

おおばこずもう おおばこ相撲

おおばこの くきを からませて
ひっぱりあう あそび。
くきが きれた ひとの まけ。

くさばなあそび 草花遊び

くさばなを
つかって あそぶこと。

かざぐるま 風車

かぜを うけて まわす
おもちゃ。 おだやかな
はるの かぜを うけて
くるくると まわる。

シャボンだま シャボン玉

シャボンだまは、
はるの かぜに のって
とおくまで とんでいく。

ぶらんこ（しゅうせん）

あたたかくなると、こうえんで
ぶらんこに のって あそぶ
こどもたちの すがたが
みられるように なる。

おうちのかたへ

寒い冬から、暖かい春へ移り変わると、外で遊ぶ機会が増えるようになります。春ののどかな海や野山に出かけると、春が来た喜びをより一層味わうことができるでしょう。

また、身近な公園でも春を感じることができます。冬の寒さから解放され、やっと外で気持ちよく遊ぶことができるようになった子どもたちが、いきいきとぶらんこに乗って風を受ける姿は、春らしさを感じさせます。優しい春風に乗って、ふわふわと飛んでいく「シャボン玉」や、風を受けてくるくると優しく回る「風車」、そのほかにも、やわらかい色の春の空に浮かぶ「風船」も春の季語です。

はるの おわり

さくらの はなが すっかり ちって、
はっぱだけに なったね。
ひざしも だんだん
つよく なってきたよ。

はるの おわりごろは、のうかは いねの たねまきや
ちゃつみなどで とても いそがしい じきです。

こくう 穀雨

はるの おわりの ころ、
いねや くさ、きのめに
あたたかい あめが ふりそそぐ ころ。
にじゅうしせっき（↓144ページ）の
ひとつ。

なわしろ 苗代

いねの たねを まいて
なえを そだてる たんぼ。

はる ふかし 春深し

いちばん
はるらしい じきを
すぎた ころ。

ゆく はる 行く春

はるの おわりの ころ。

しろつめくさ
（↓31ページ）

はる おしむ 春惜しむ

はるが すぎていくのを
ざんねんに おもう きもち。

はちじゅうはちや 八十八夜
りっしゅん（↓16ページ）から 88にちめ。
5がつ ふつかごろ。
なつが ちかづいてきていて、
のうかは いそがしい。
こいのぼり（↓39ページ）
なつ ちかし 夏近し
はるが おわろうと していて
なつが ちかづいている。
ちゃつみ 茶摘み
おちゃの
きのめを つむこと。
わかれじも 別れ霜
はるが おわる ころに
おりる さいごの しも（↓125ページ）。
きじ（↓34ページ）
あげはちょう（↓66ページ）
やまぶき（↓31ページ）

おうちのかたへ

「二十四節気（↓144ページ）」の中の「穀雨」は、今の暦で4月20日頃ですが、ちょうど稲の種まきの時期にあたります。この時期に降る暖かい雨は、あらゆる穀物を潤し、芽を出させるとされ、「百穀春雨」とも呼ばれます。5月2日頃には、「立春（↓16ページ）」から88日目である「八十八夜」を迎えます。朝の冷え込みもなくなり、霜も降りなくなるため、農家にとっては稲の種まきの目安となります。また、八十八夜の時期は茶摘みの最盛期で、この頃の茶の葉でつくられた新茶を飲むと、風邪をひきにくくなると言われています。甘みのある新茶を子どもと一緒に楽しむのもよいでしょう。

はるを よんだ うた

ふるさとや どちらを みても やま わらう

故郷やどちらを見ても山笑ふ（正岡子規《まさおかしき》）

きご やま わらう （↓19ページ）

はいくの いみ

ふるさとは ほっと する。
どちらを みわたしても やまの
くさや きが めぶきはじめて
あかるく とても うつくしい。

やせがえる まけるな いっさ これにあり

痩せ蛙まけるな一茶これにあり（小林一茶《こばやしいっさ》）

きご かえる （↓35ページ）

はいくの いみ

かえるが けんかを している。
ちいさい かえるよ、まけるな。
いっさが ここで
おうえんしているぞ。

ゆさゆさと おおえだ ゆるる さくらかな

ゆさゆさと大枝ゆるる桜かな（村上鬼城《むらかみきじょう》）

きご さくら （↓32ページ）

はいくの いみ

りっぱな さくらの きの えだが
かぜで おおきく ゆれている。
そのすがたは
なんとも みごとだなあ。

みっつ くえば は さんぺんや さくらもち

三つ食へば葉三片や桜餅（高浜虚子《たかはまきょし》）

きご さくらもち （↓32ページ）

はいくの いみ

みっつ さくらもちを たべれば
3まいの さくらの はっぱが
のこるのが、
さんすうみたいで たのしい。

2 なつの ことば

はるから なつへ

きょうは すこし あついね。
こうえんで じてんしゃに
のったら、かぜが とても
きもちよかったよ。

5がつに なると、はるから なつへ
きせつが うつりかわります。
あたらしく めが でた はっぱの
きれいな みどりが ひろがります。

りっか 立夏
5がつ むいかごろ。
なつの はじまりの ひと
されている。
にじゅうしせっき（→144ページ）の
ひとつ。

しょか 初夏
なつの はじめの ころ。

しんりょく 新緑
あたらしく めを だした
はっぱの みどりいろ。
きらきら かがやいて みえる。

にわぜきしょう（→64ページ）
とかげ（→67ページ）

わかば 若葉
あたらしく めを
だした ばかりの はっぱ。
やわらかくて
みずみずしい。

はくしょ 薄暑
なつの はじめの ころの
すこし あせを
かくくらいの あつさ。

あおば 青葉《あおば》

わかばより すこしあとの いきおいよく しげりはじめた はっぱ。

はざくら 葉桜《はざくら》

はなが ちり、えだに わかばが しげっている さくら（→32ページ）。

しょうまん 小満《しょうまん》

あつくなり、くさや きが おいしげる ころ。にじゅうしせっき（→144ページ）の ひとつ。

かぜ かおる 風薫《かぜかお》る

なつの はじめの ころに さわやかな かぜが ふきわたること。

なつめく 夏《なつ》めく

はっぱの みどりや まわりの けしきが なつらしく なる。

おうちのかたへ

5月6日頃に「立夏」を迎え、暦の上では夏が始まります。まだ夏らしい暑さはありませんが、少しずつ、まわりの木々が青々としていくのを見ると、夏の訪れを感じます。また、耳をすませば、さわやかな風で木の葉がさやさやとゆれる音も聞こえてきます。葉の色や、葉ずれの音、木々を吹き抜ける風など、体全体を使って春から夏への移り変わりを感じてみましょう。

この時期は「若葉」や「青葉」だけでなく、若葉を吹き渡る「若葉風」や、青葉からぱらぱらと落ちる水滴を時雨にたとえて言った「青時雨（あおしぐれ）」など、木にまつわる季語がたくさんあります。

なつの はじまり

がっこうへ いく とちゅう、
たんぼで たうえを しているのを
みかけたよ。たんぼの みずが
きらきら ひかって きれいだね。

5がつの おわりから 6がつに かけて、ひざしが つよくなり、くさや きが ますます げんきに おいしげります。たうえの じゅんびも このころ はじまります。

しろかき 代掻き
たうえを するまえに たんぼに みずを はり、つちを くだいて たんぼを たいらに すること。

ぼうしゅ 芒種
たうえを するのに よい じきで、つゆ (↓62ページ) が はじまるのも このころ。にじゅうしせっき (↓144ページ) の ひとつ。

たうえ 田植え
しろかきが おわった たんぼに、いねの なえを うえる。

りょくいん 緑陰
あおば (↓49ページ) の しげった きの かげ。

なつの やま 夏の山
あざやかな みどりに おおわれた やま。ゆきの のこった なつの やまのことも さす。
なつこだち 夏木立
げんきよく はっぱを しげらせ、ならんで はえている き。
うえた 植田
たうえを おえた ばかりの たんぼ。
げし 夏至
1ねんの あいだで、ひるまの じかんが いちばん ながくなる ひ。6がつ 22にちごろ。にじゅうしせっき（↓144ページ）の ひとつ。
あげはちょう（↓66ページ）
なつくさ 夏草
なつ、みちばたや あきちに ちからづよく おいしげる くさ。
あやめ（↓64ページ）

おうちのかたへ

6月頃、まわりを見渡してみると、道端の木の葉をはじめ、山や田、畑など、鮮やかな緑に染まった景色が見られます。こうした、春とは違った草木の力強さに、夏らしさが感じられます。

「二十四節気（↓144ページ）」以外にも「雑節」という、季節の移り変わりの目安となる日があり、「夏至」から11日目の「半夏生（はんげしょう）」もその一つです。半夏生は農家にとって大切な節目の日で、田植えは半夏生に入る前に終わらせるものとされていました。

「かえる」は春の季語ですが、梅雨の時期によく見られる、あまがえるなどを指す「青がえる」は、夏の季語です。

なつが いっぱい

7がつや 8がつは あつい まいにちが つづきます。もくもくと した にゅうどうぐもが あらわれて、おおあめを ふらせることも あります。

きょうは とても あつかったけれど、かぞくで はたけに いって えだまめを とったよ。おいしく そだったかな。

しょうしょ 小暑

げし（↓51ページ）から かぞえて 15にちめ、7がつの はじめの ころ。どんどん あつくなっていくと いう いみも ある。にじゅうしせっき（↓144ページ）の ひとつ。

ばんりょく 万緑

あおあおと しげる くさやきで、みわたすかぎり みどりいろで あること。

あつし 暑し

あせが でて、がまんできないほど きおんが たかい。

しらさぎ（↓67ページ）

えだまめ（↓68ページ）

すずし 涼し

なつの あつさのなかで たまに かんじる すずしさは とくべつ きもちが よい。

なつの ひ 夏の日
なつの あつい 1にちの こと。
なつの たいようと いう
いみも ある。
くもの みね 雲の峰
やまのように もくもくと
もりあがって いる
にゅうどうぐも（↓56ページ）の こと。
にゅうどうぐも
たいしょ 大暑
7がつの おわりごろ、
1ねんの あいだで
いちばん あつい じき。
にじゅうしせっき（↓144ページ）の
ひとつ。
どようなみ 土用波
なつの どよう（↓146ページ）の ころに
うちよせてくる おおきな なみ。
たちあおい（↓64ページ）
あおた 青田
まだ いねが みのって いない
あおあおと した たんぼ。
へび（↓67ページ）

おうちのかたへ

7月に入り、「二十四節気（↓144ページ）」の「小暑」の頃から日増しに暑くなっていきます。「梅雨（↓62ページ）」が終わるのもこの頃です。梅雨が明けた後、「大暑」を迎えると、1年の中で最も暑くなります。

「暑し」という言葉はもちろんですが、反対に「涼し」も俳句では大切な夏の季語とされています。きびしい暑さの中で、木陰で風に吹かれたときや、流れる水の音や風鈴の音を聞いたときなどに感じる涼しさは、心を癒やしてくれます。こうした、季節の中で人々が感じることや、その心が、季節の言葉をつくっていくと言えるでしょう。

なつの てんき

おひさまが でて いい てんき。
そとで あそんでいたら、
ひに やけて うでが あかくなって
すこし ひりひりするよ。

ひざしが つよくなるに つれ、
きおんの たかい ひが つづくように なります。

しょき 暑気
なつの あつさ。

もうしょ 猛暑
きびしい あつさ。

こくしょ 酷暑
がまん できないほどの
なつの きびしい あつさ。

えんしょ 炎暑
まなつの やけるような
はげしい あつさ。

きおんで わける なつの ひ

なつび 夏日
1にちのなかで
いちばん たかい きおんが
25どを こえる
なつらしい ひ。

まなつび 真夏日
1にちのなかで
いちばん たかい きおんが
30どを こえる ひ。

もうしょび 猛暑日
1にちのなかで
いちばん たかい きおんが
35どを こえる ひ。

えんてん 炎天

たいようの ひざしが つよく、やけるように あつい てんき。

やく 灼く

たいようの つよい ひざしが ふりそそぐこと。やけどしそうなほどの あつさを もたらす。

あぶらでり 油照り

うすい くもで そらが おおわれ、かぜが なく、じめじめと むしあつい てんき。

えんてんか 炎天下

やけるように つよい ひざしの した。

ねったいや 熱帯夜

きおんが 25どより さがらない よる。あつくて ねぐるしい。

ひしょ 避暑

なつの あつさを さけるために すずしい ところへ いくこと。

おうちのかたへ

夏になると、日本では太陽の日差しが強くなるのに加え、湿度も高くじめじめとするため、体感温度も高くなります。また、吹いてくる南寄りの風は、暖かく湿っていて、一層暑さを感じさせます。そのため、さまざまな夏の暑さを示す言葉があります。天気や感じ方によってもいろいろな表現がありますが、「夏日」「真夏日」「猛暑日」は気象庁が気温ごとに定めた言葉です。

また、暑さと体の関わりの中で、夏を表す言葉もたくさんあります。暑さで吹き出る「汗」や、暑い中、足裏から涼しさを感じることのできる「裸足」、暑さのために布団をかぶらず寝てしまったときの「寝冷え」も夏の季語です。

なつの そら

あおい そらに しろい くもが もくもくと うかぶ
なつの そらは、ちからづよさが かんじられます。

がっこうの かえりみち、
そらを みあげたら
とても おおきな くもが
もくもくと ひろがって いたよ。

なつの そら 夏の空

はれていて、たいようが
まぶしい そら。

にゅうどうぐも 入道雲

もくもくと やまのように
たかく もりあがっている くも。
せきらんうんとも いう。

なつぐも 夏雲

なつの そらに うかぶ くも。
にゅうどうぐもは おおあめを
ふらせることが ある。

にじ 虹

あめのあとに そらに かかる
はしのような なないろの ひかり。
たいようと はんたいがわの
そらに かかる。

あさやけ 朝焼け

あさひが のぼるときに
ひがしの そらが あかく
そまること。
あさやけが みられる ひは、
あめが ふると いわれている。

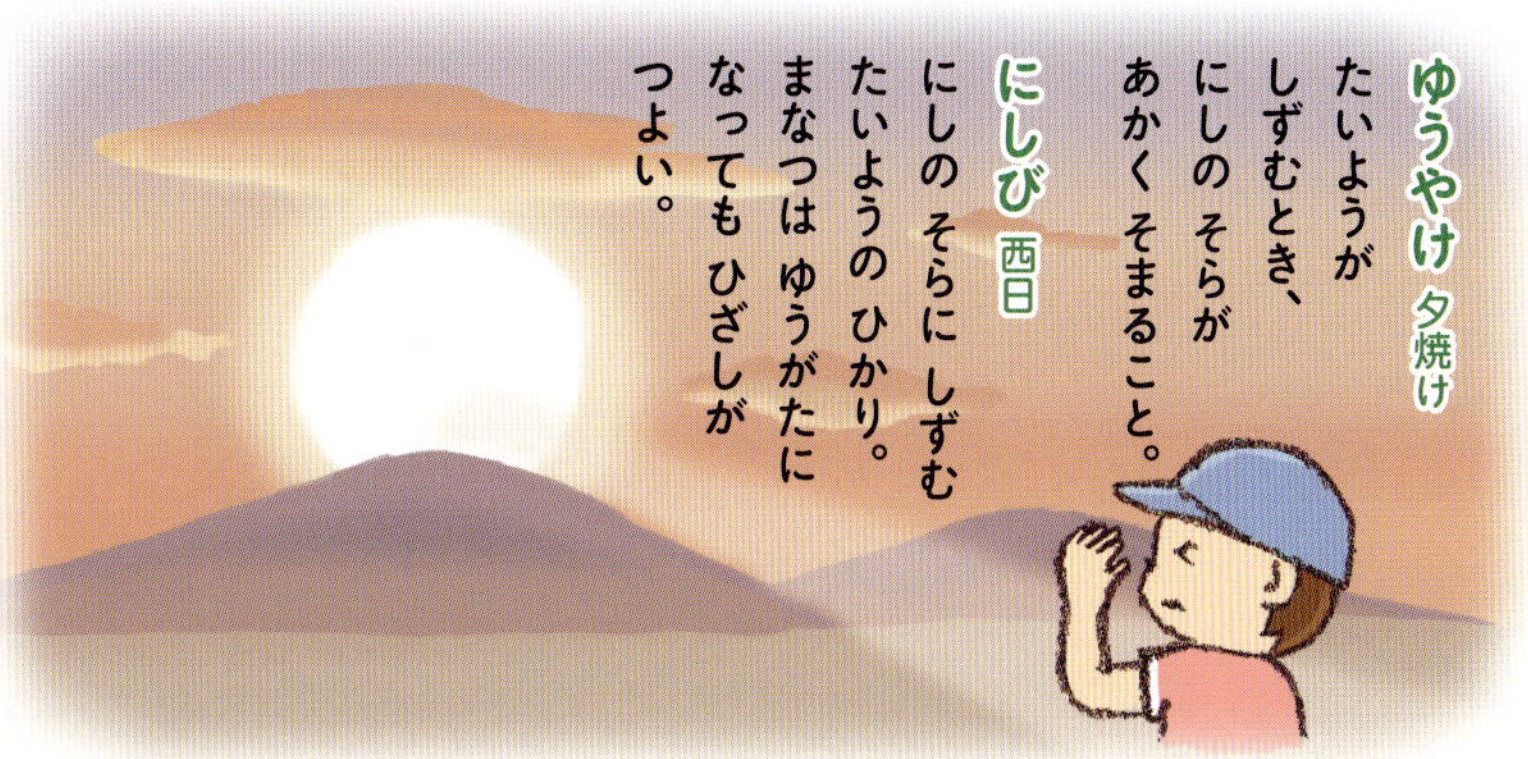

ゆうやけ 夕焼け

たいようが
しずむとき、
にしの そらが
あかく そまること。

にしび 西日

にしの そらに しずむ
たいようの ひかり。
まなつは ゆうがたに
なっても ひざしが
つよい。

ゆうやけぐも 夕焼け雲

ゆうやけに あかく
そまっている くも。

なつのよい 夏の宵

なつ、ひが くれてから
よるに なるまでの じかん。
ひるまよりも、すずしくなる。

なつの つき 夏の月
つきすずし 月涼し

あつい ひるが すぎた
なつの よる、つきが
すずしさを かんじさせる。

みじかよ 短夜

ひが くれてから すぐに あける
なつの みじかい よるのこと。
しゅんぶん (↓19ページ) の ひから
ひるが どんどん ながくなり、
よるが みじかくなる。

おうちのかたへ

初夏の頃のさわやかな空や梅雨時の曇った空、太陽が照りつける真っ青な空など、夏にはいろいろな空模様が見られます。夏の季語である「朝焼け」や「夕焼け」などの真っ赤な空が見られるのも夏の楽しみです。朝焼けの日は雨が降ると言われていますが、反対に、夕焼けの翌日は晴れるとも言われています。

また、朝方、もやもやと曇った「朝曇り」の空が見られた日は、日中暑くなることが多いと言われています。夏の空の様子を確かめて、天気を予想してみるのも楽しいでしょう。

また、昼に比べて暑さが和らぐ夜には、空にかかる月や星を見ると、涼しさを感じることができます。

なつの かぜ

さんぽの とちゅう、
こかげで やすんでいたら、
すずしい かぜが ふいて
とても きもちよかったよ。

なつに ふく すずしい かぜは
さわやかさを かんじさせてくれます。
はんたいに、あつさを かんじさせる かぜも あります。

なんぷう 南風
なつに みなみから ふく かぜ。
あたたかく しめっている。

くろはえ 黒南風
つゆ（↓62ページ）の ころ、どんよりと そらが
くもっている ひに ふく
みなみかぜ。

しらはえ 白南風
つゆが あけて、
そらが あかるくなった ころに
ふく みなみかぜ。

ねっぷう 熱風
なつに ふく あつくて
かわいた かぜ。
はだが やけるように かんじる。

しっぷう 湿風
なつに ふく むしむしと
しめった かぜ。

あおあらし　青嵐

あおば（↓49ページ）が
よく そだつ ころに ふく
すこし つよい かぜ。
おいしげった くさや きを
ゆらす。

あおたかぜ　青田風

いねが おいしげる
たんぼに ふきわたる かぜ。

りょうふう　涼風

なつの おわりに ふく
すずしい かぜ。
すずかぜとも いう。

あさなぎ　朝凪
ゆうなぎ　夕凪

あさや ゆうがた、かいがんで
かぜが しばらくの あいだ
ふかなくなること。

かぜ しす　風死す

なつの あついときに
かぜが ぴたりと
とまり、いきぐるしいほど
あつくなること。

ふうりん
（↓75ページ）

おうちのかたへ

夏の風は、涼しさも暑さももたらします。初夏に吹くさわやかな「薫風（くんぷう）」は夏の季語になっており、夏が深まるにつれ、暖かく湿った風や、暑くて乾いた風となります。そしてまた、夏の終わり頃には涼しい風へと変わっていきます。風が吹いたとき、どのように感じたかを親子で話してみましょう。

また、地方によって風の呼び方はさまざまで、例えば南から吹く風は、西日本では「はえ」、四国や瀬戸内海沿岸では「まじ」と呼ばれます。東北地方に吹く「やませ」という冷たい風は、長く続くと冷害をもたらします。自分が住んでいる地域には、どんな風の呼び方があるか調べてみるのもいいでしょう。

なつの あめ

そとで あそんでいたら
きゅうに あめが ふってきたよ。
さっきまで はれていたのに
びっくりしちゃった。

なつには ながく ふりつづく あめや、
きゅうに ふりだして すぐに やむ あめなど
いろいろな あめが ふります。

さつきあめ 五月雨

つゆ（↓62ページ）の ころに
ふりつづく あめ。
さみだれとも いう。

なつの あめ 夏の雨

なつに ふる あめ。
あめが ふると すずしくなり、
くさや きなども
よく そだつ。
つゆや
ゆうだち（↓61ページ）は
ふくまない。

しゅうう 驟雨

きゅうに ふりだして、
よわくなったり
つよくなったりして
すぐに やむ あめ。

とおりあめ 通り雨

とおりすぎるように
さっと ふって、
すぐに やむ あめ。

きう 喜雨

なつ、はれの ひが
ながく つづいたあとに
やっと ふる あめ。
やさいなどの
のうさくぶつを そだてる、
よろこびの あめと される。

くすり ふる 薬降る

むかしの こよみ（➡147ページ）の
5がつ いつかに ふる あめ。
たけの つつに たまった
このあまみずを つかって
くすりを つくると
ききめが あると いう
いいつたえが ある。

とらがあめ 虎が雨

むかしの こよみの
5がつ 28にちに ふる あめ。
このひに なくなった
おとこの ひとを おもって ないた、
とらごぜんと いう
おんなの ひとの なみだが
あめに なったと いう
でんせつが ある。

ゆうだち 夕立

なつの ゆうがたに きゅうに ふる
どしゃぶりの あめ。
かみなりが なることも ある。

らいう 雷雨

かみなりを ならしながら
はげしく ふる あめ。

おうちの かたへ

夏には「梅雨」や、「通り雨」「夕立」など特徴的な雨が降ります。ここで紹介した以外にも、卯の花（うのはな）を腐らせるほど長く降る「卯の花腐し（うのはなくだし）」や、新緑の頃、葉をつやつやとさせる「緑雨（りょくう）」など、さまざまな雨の季語があります。そのほか、暑い晴れの日が続き、雨が長い間降らずに川や池などの水が減り、田畑も乾いてしまう「日照り」や、日照りのときに神様へ雨が降るように祈る「雨乞い」も、雨に関わる夏の季語です。また、夏によく起こる、大雨とともに大きな音を鳴り響かせる雷にも、「いかずち」「はたた神」「鳴神（なるかみ）」などさまざまな呼び方があり、夏の季語となっています。

つゆの ずかん

6がつに なってから
まいにち あめが ふっているよ。
あしたは はれるかな。
そとで はやく あそびたいよ。

6がつごろ、つゆの きせつに なると、
ながい あいだ あめが ふりつづきます。

つゆ 梅雨
6がつごろに
なんにちにも わたり
ながく ふりつづく あめ。
ばいうとも いう。

さつきばれ 五月晴れ
つゆの じきに
あめが やんで はれること。
5がつごろの よく はれた
てんきを さすことも ある。

はしりづゆ 走り梅雨
つゆの きせつに なるまえに、
つゆのように あめが
ふりつづく てんきの こと。

にゅうばい 入梅
つゆの きせつに はいること。
つゆいりとも いう。

つゆぐもり 梅雨曇り
つゆの ころの
どんよりと した くもりぞら。

あじさい
（→65ページ）
かたつむり
（→67ページ）

つゆぞら 梅雨空

つゆの ころの そら。
あまぐもが そらを おおっていて、
くらい ようす。

さつきやみ 五月闇

あつい くもに おおわれた、
つゆの ころの
くらい てんき。

おくりづゆ 送り梅雨

つゆが おわる ころに ふる
おおあめ。
かみなりが なることも ある。

つゆあけ 梅雨明け

つゆが おわること。
つゆが あけると きゅうに
あつくなる。

つゆざむ 梅雨寒

つゆで あめが ふりつづき、
さむくなること。

からつゆ 空梅雨

つゆの きせつに なっても
あめが ほとんど ふらないこと。

おうちのかたへ

「梅雨」は、北海道より南の日本各地に見られる、雨が長く続く時期のことです。北から入り込む冷たい空気と南から入り込む暖かい空気がぶつかり合って梅雨前線ができることで雨が降ります。この時期の雨は梅の実が熟す頃なので、「梅雨（ばいう）」や「梅の雨（うめのあめ）」とも呼ばれ、夏の季語にもなっています。また、「青梅雨（あおつゆ）」という言葉は、青々とした葉に雨粒がつやつやと光るさわやかな景色を想像させます。

梅雨の頃には、お気に入りのかっぱや長靴、傘を用意して出かけ、かえるやかたつむりを探したり、水たまりの中を長靴で歩いてみたりして、いつもと違う楽しみ方をしてみましょう。

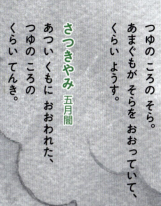

なつの はなと き

あさ、かだんの はなに
たっぷり みずを あげたよ。
あかるい ひざしの なかで
さいた はなは とても きれいだね。

なつ、たいようの ひかりを あびて、
くさばなが ぐんぐん せいちょうします。

なつに はなが さく くさ

にわぜきしょう

しばふなどで
むらさきや しろの
ちいさな はなを
さかせる。

どくだみ

ひかげに さく。
はっぱは くさいが
おちゃに して
のむことが できる。

ゆり 百合

らっぱの かたちを した はな。
いい かおりが する。
しろい はなの やまゆり、
オレンジいろの おにゆりなどが ある。

あやめ

むらさきいろの はなびらに
あみめの もようが ある。
はらっぱに はえる。

かきつばた

あやめと にているが、みずべに はえる。

かだんの はな

すずらん

あさがお 朝顔

たちあおい

ひまわり

はまなす

すなはまに はえる。
あきに なる あかい
みは、たべられる。

はす

みずの うえに はなを
さかせる。
ねは れんこんと いい、
たべられる。

はすみ　はす見

あさ はやく、
はすの はなが
ひらく ようすを
みに でかけること。
あさ、ひらいた
はすの はなは
ひるすぎに とじる。

なつに はなが さくき

あじさい

つゆ（➡62ページ）の ころ、
むらさきや ピンクいろの
はなを さかせる。

ばら

いろいろな いろや
かたちの はなが ある。
くきには とげが ある。

きょうちくとう

どうろに おおく
うえられている。
つよい どくが ある。

さるすべり

さるも きから おちるほど
みきが つるつる
していることから、
このなまえが
ついた。

くわの み　桑の実

つゆの ころに
みが あかぐろく
たべごろに なる。
たべると くちのなかが
まっくろに なる。

おうちの かたへ

暑い中、強い日差しにも負けずに咲いている夏の花を見ると、元気が出てきます。「ばら」や「百合」「たちあおい」「ひまわり」などの華やかな花や、「どくだみ」や「にわぜきしょう」など、足元で控えめに咲く小さな花も、すべて夏の季語とされています。また、「はす」や「かきつばた」などの水辺の花からは、涼しさも感じられるでしょう。

雨の日でも花を楽しむことができます。雨の中で咲く花の姿が美しいとされる「あじさい」も夏の季語です。あじさいの花の色は、植えられている土壌の酸性度によって青や紫、ピンクに変化します。

なつの いきもの

むしとりに いったら
かっこいい かぶとむしを
みつけたよ。なつは むしが
げんきいっぱいだね。

なつは おおくの むしが げんきに うごきまわります。
せみの こえも あちこちから きこえてきます。

むし

かぶとむし

おすは おおきな
つのを もつ。
からだは
よろいのように かたい。

くわがたむし

おすは おおきな
はさみのような
あごを もつ。

せみ

しゅるいによって
ミーンミーン、
ジジジジなど、
なきごえが ちがう。

ほたる 蛍

めすと おすが
であうために
たがいに おなかの
さきを ひからせる。

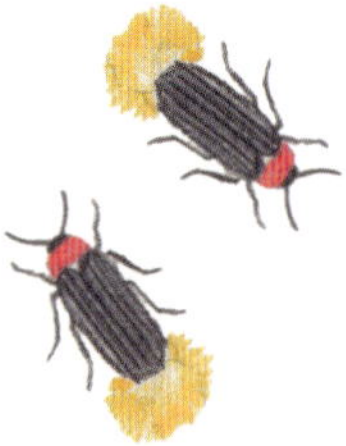

か 蚊

ひとや どうぶつを
さして ちを すう。
さされると かゆい。

あげはちょう

みかんや からたちの
きの はっぱに たまごを
うむ、おおきい ちょう。

ほたるがり 蛍狩り

よる、ほたるを みに いくこと。
ほたるは、たんぼや
きれいな かわなどの
みずべに いる。

あめんぼ

ながい あしを ひろげて
みずの うえを すいすいと うごく。

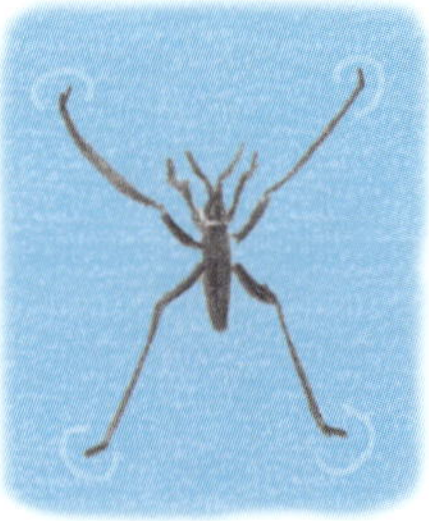

とり

かっこう
なつの はじめ、
にほんへ やってくる
わたりどり（↓99ページ）。
なまえの とおり、カッコウと なく。

ほととぎす
かっこうと おなじ、
なつの わたりどり。
なつを つげる
とりと して しられる。

かわせみ
みずの なかに とびこみ、
さかなを とらえる。
からだの いろが
ほうせきのように きれい。

しらさぎ
なつの たんぼで
よく みかける。

いろいろな どうぶつ

とかげ
むしなどを つかまえて
たべる。
きけんを かんじると、
しっぽを きりすてて
にげる。

へび 蛇
かえるや ねずみなどを
つかまえて たべる。

へび きぬを ぬぐ 蛇衣を脱ぐ
へびが ふるい かわを
ぬぐこと。
なつの はじめごろ、
しろく かがやく
へびの ぬけがらが
よく みられる。

きんぎょ 金魚
あかや くろなど
いろは さまざまで、
でめきんなど、かたちの
ちがう しゅるいも ある。
およぐ すがたは
すずしさを かんじさせる。

かたつむり
まきがいの なかま。
でんでんむしとも いう。
つゆ（↓62ページ）の ころに
はっぱや かべの うえなどで
よく みられる。

くも
えだや のきしたなどに
くものすを
はって くらす。
つちの なかや
みずの なかで
くらす くもも いる。

おうちの かたへ

夏は、「かぶとむし」や「くわがたむし」などの昆虫採集が楽しい季節です。夏の季語である、はねの美しい「あげはちょう」や、小さな「てんとうむし」も草むらで見つけることができます。「はえ」「毛虫」「ごきぶり」なども夏の季語です。あまり好まれない虫ですが、そこにも季節を感じられます。

あちこちから聞こえてくる、さまざまな「せみ」の鳴き声も夏ならではです。また、木の幹や壁などには、多くのせみの抜け殻を見つけることができます。これを「空蝉（うつせみ）」と言い、夏の季語になっています。中身がないため虚しい気持ちを表すときに使う場合があります。

なつの たべもの

あつくて げんきが でない ひは、
えいようたっぷりの うなぎや
やさいサラダを たべて ちからを つけましょう。

きゅうり
サラダに したり、つけものに
したりして たべる。
ほてった からだを ひやす
はたらきが ある。

トマト
なまの ままで ひやして
たべる。
ジュースや ケチャップに
しても たべられる。

**きゅうりと トマトの
サラダ**

ピーマン
すこし にがみが ある。
やくと、すこし
にがみが へる。

なす
まるいものや ながいものなど
いろいろな かたちが ある。

やきなす

えだまめ 枝豆
まだ じゅくしていない
あおい だいず。
ゆでて たべる。

まっかな トマトを
きゅうりと いっしょに
サラダに して たべたら、
とても おいしかったよ。

とうもろこし
とれた ばかりの ものは
なまで たべられるほど
あまい。
ひげは おちゃに して のむ。

やきとうもろこし

すいか
すいぶんを たくさん
ふくみ、えいよう
たっぷり。
しおを かけて たべると、
あまさが ひきたつ。

さくらんぼ
せいようみざくらの み。
みずみずしくて
あまずっぱい。

うなぎ

うなぎを たべると
なつの あつさに
まけないと いわれている。
かばやきなどに
して たべる。

うなぎの かばやき

はつがつお 初がつお

なつの はじめごろに
とれる かつお。
にほんの みなみの
ほうから やってくる。
ひょうめんを あぶってから
ひやして たべる。

かつおの たたき

あゆ

なつの はじめごろ、
かわで とれる。
あきに たまごから うまれ、
ふゆを うみで すごし、
はるから なつに かけて
かわを のぼってくる。

あゆの しおやき

そうめん 素麺

なつの あついときでも
つるりと たべられる。
めんを みずと いっしょに
たけづつに ながして たべる
ながしそうめんと いう
たべかたも ある。

ひややっこ 冷奴

よく ひやした とうふに
しょうゆなどを
かけて たべる。
みためも すずしい
りょうり。

かきごおり かき氷

こまかく けずった
こおりに
あまい シロップなどを
かけて たべる。
たべると あたまが
キーンと
することも ある。

おうちのかたへ

暑い日が続くと、夏ばてしてしまい食欲がなくなることがあります。しかし、夏の食べ物には、火照った体を冷やすものや、栄養豊富なものなど、元気をつける食品がたくさんあります。また、夏の季語になっている「葛餅」や「ゼリー」などは、見た目と食感の双方で、涼しい気持ちにさせてくれます。

食べ物だけでなく、飲み物にも季節を感じさせるものがあります。飲む点滴とも言われるほど栄養価の高い「甘酒」や、汗をかいた体に不足したミネラルを補ってくれる「麦茶」、のど越しがさわやかな「サイダー」も夏の季語です。暑さで疲れが出やすい季節ですが、旬の食べ物を楽しみながら夏を乗り切りましょう。

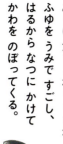

なつの ぎょうじと くらし①

なつに きる ようふくを おかあさんに
おしいれから だしてもらったよ。
おきにいりの ふくを きて
やすみの ひは どこに いこうかな。

**はるの ふくから すずしい なつの ふくに
きがえると、 きもちよく なつを むかえられます。
7がつには たなばたの おまつりも あります。**

ころもがえ 衣替え

きせつに あわせて ようふくを
いれかえること。
なつは うすくて すずしい
ぬので できた ふくを きる。

たなばた 七夕

7がつ なのか、 ひこぼしと おりひめが
1ねんに いちど あうと いう でんせつが
もとに なった まつり。

あまのがわ 天の川

たくさんの ほしの あつまり。
よぞらに ながれる
かわのように みえる。
ひこぼしと おりひめは このかわを
わたって たなばたの ひに
あうと いわれている。

ほしあい 星合い
ほしの こい 星の恋

ひこぼしと おりひめが
たなばたの よるに
あうこと。

あつい なつを げんきに すごしているか、
ともだちや しんせきの ようすを たずねるために、
おくりものや はがきを おくります。

ちゅうげん 中元

7がつの はじめごろに
せわに なった ひとへの
おれいの きもちと して
おくる おくりもの。

しょちゅうみまい 暑中見舞い

なつの あつい ころに しんせきや
ともだちなどに はがきを だし、
げんきに すごしているかを
たずねること。
りっしゅう（⬇80ページ）を
すぎると
ざんしょみまいに なる。

ささ

ねがいごとを かいた
たんざくや いろいろな かざりを
ささに つるす。
たなばたの ぎょうじ。

たんざく 短冊

ねがいごとを かくための
ほそながい かみ。

おうちのかたへ

「衣替え」は季節の変わり目ごとに行われますが、俳句で衣替えと言うと、涼しげな明るい服に替わる夏の衣替えを指します。夏の服装は、袖が短いだけではなく、麻や絹などの薄い素材でつくられることが多く、アロハシャツやサマードレスなどのように、涼しく快適に過ごすための工夫がされています。強い日差しを防ぐ「サングラス」や「麦わら帽子」も夏の季語です。

ここで紹介した「七夕」や「中元」は、昔の暦の上では秋の行事にあたりますが、現在の季節感に合わせて夏の行事として紹介しています。地域によっては、昔の暦に合わせて8月に七夕祭りを行うところもあります。

なつの ぎょうじと くらし②

たのしみに していた なつやすみが やってきたよ。ことしは どこに あそびに いこうかな。

なつは、あおい そらと かがやく たいようの したで たのしめる あそびが たくさん あります。

なつやすみ 夏休み

7がつの おわりごろから 8がつの おわりごろまでの、なつの いちばん あついときに がっこうや、ようちえんが やすみに なること。

とざん 登山

やまに のぼること。ふゆから はるに かけて ゆきで とざされていた たかい やまも、なつに なると、ゆきが とけて のぼることが できる。

キャンプ

やまや うみべなどの しぜんのなかで テントを はり、ねとまりを すること。

きもだめし 肝試し

おはかなどの こわい ところに いって、がまん できるか ゆうきを ためす あそび。こわい おもいを することで、あつさが ふきとぶ。

かいすいよく 海水浴

うみで およいだり すなはまで あそんだりして たのしむこと。
かいすいよくが できる うみのことを かいすいよくじょうと いう。

うきわ

うみびらき 海開き

かいすいよくじょうで そのとし、はじめて およげるように なること。

みずぎ

すいかわり

めかくしを して、ぼうで すいかを わる あそび。

すいか （↓68ページ）

ビーチパラソル

ひよけの ために すなはまに たてる おおきな かさ。
すなひがさとも いう。

ひやけ 日焼け

つよい ひざしを あびることで、はだが くろく なること。

みずあそび 水遊び

みずのなかに はいったり、みずを つかったりして あそぶこと。

みずでっぽう 水鉄砲

みずを おしだして あそぶ てっぽう。

おうちのかたへ

「キャンプ」や「水遊び」は、子どもたちが喜ぶ夏の遊びの一つで、夏の季語にもなっています。自然の中にテントを張り、寝泊まりしたときには、夜風の涼しさや月の明るさを感じたり、聞こえてくる虫の声に耳を傾けたりしてみましょう。山には、「夏の川」や「泉」「清水」「滝」など水に関わる夏の季語があります。冷たい川の水の中を泳ぐのも楽しいですが、泳ぎや水が苦手な子は、親子で一緒に冷たい水に素足を入れるだけでも、涼しさを味わえるでしょう。「水鉄砲」を使った水遊びは昔からあり、古い時代の水鉄砲は竹筒でできていました。水を掛け合うため、「水合戦」や「水掛合」とも言います。

なつの ぎょうじと くらし③

きょうは かぞくで おまつりに
いってきたよ。
いろんな いろの はなびが
とても きれいだったな。

なつは、おまつりに いったり、
はなびを みたり、
よるも たのしめる ぎょうじが あります。

なつまつり 夏祭り

びょうきや さいがいを
もたらす わるい れいを
おいはらうために、
じんじゃで おこなわれる。

やなぎ

ぼたん

きく

よみせ 夜店

まつりなどの よるに
しょうひんを うる
ちいさな みせ。
やたいとも いう。

はなび 花火

なつの よぞらには
いろとりどりの はなびが
うちあげられる。
てで もって たのしむ
はなびも ある。

やきとうもろこし
（→68ページ）

きんぎょ
（→67ページ）

ゆかた 浴衣

おもに なつに きる、
すずしい ぬので
つくった きもの。

ぼん 盆

せんぞや なくなった ひとの
れいの しあわせを
ねがう ぎょうじ。
きゅうりや なすで つくった
うまや うしの かざりは、
せんぞや なくなった ひとの
れいが あのよから
いえに もどってくるとき、
また、あのよに かえるときに
のる のりもの。

あつい なつを すずしく すごすための いろいろな くふうが あります。

うちみず 打ち水

げんかんや みせの まえなどに みずを まくこと。うちみずを すると すずしくなる。

ふうりん 風鈴

かぜに ふかれて チリンチリンと なる おとを きくと、すずしく かんじる。

かや 蚊帳

ねている あいだに かに さされないように、ねどこの まわりを おおう どうぐ。かぜを とおす あさや もめんなどで できていて、4つの すみを つるす。

ひるね 昼寝

あつさで つかれやすい なつの ひるま、ひるねを すると すっきりする。

かとりせんこう 蚊取り線香

ひを つけて けむりで かを おいはらう せんこう。かやりとも いう。

うちわ （→76ページ）

おうちのかたへ

夏の風物詩である「花火」は、火薬の組み合わせによって、色や形が変わります。「打ち上げ花火」のほか、「線香花火」などの「手花火」も夏の季語です。火をつけてから消えるまで、燃え方が変わっていく姿を楽しむ線香花火の輝きは、美しくてはかなく、夏が過ぎ去る切ない気持ちに重なると言います。

日本では昔から、暑い中でも快適に過ごすための工夫がされてきました。日よけとして使われる「すだれ」、虫の侵入を防ぎつつ、風を通す「網戸」、玄関に水をまく「打ち水」や涼しい音が出る「風鈴」など、すべて夏の季語です。生活に昔ながらの工夫をして、涼しさを味わってみましょう。

なつの おわり

おぼんが すぎて なつやすみも おわる ころ、
あきが そこまで やってきて います。

あつい ひの ゆうがたに
えんがわに でてみたら、
すこしだけ すずしい かぜを
かんじたよ。

はだし 裸足

くつしたを はかずに いること。
なつは はだしで
すごすと きもちいい。

うちわ 団扇

あおいで かぜを おこす どうぐ。
まるい かたちを しているものが
おおい。

かとりせんこう (↓75ページ)

はしい 端居

なつ、えんがわなど、
いえの はしっこで
すずんだり
のんびりしたりすること。

ばんか 晩夏

なつ ふかし 夏深し

なつの おわり。
まだまだ あついけれど、
あさや ゆうがたに ふく
かぜが すこし すずしく
なってきた ころ。

あき ちかし 秋近し
なつの おわり、そら たかく
ひろがる いわしぐもに
あきを かんじる。

いわしぐも（↓88ページ）

さるすべり（↓65ページ）

ゆうすずみ 夕涼み
なつの ゆうがた、
そとで すずみながら
ゆうぐれを たのしむこと。

ひまわり（↓64ページ）

よるの あき 夜の秋
なつの おわりの よる、
どことなく あきのような
すずしさを かんじる。

なつの はて 夏の果て
なつ ゆく 夏行く
なつの おわり。
すぎていく なつに さびしさを
かんじる。

おうちのかたへ

お盆を過ぎても、昼間の暑さは、まだまだ続いています。でも、夜になると、これまでのじめじめとした暑さとは違って、吹いてくる風が涼しく、秋めいているような感じがしてきます。また、空に浮かぶ雲の形や高さが少しずつ変わり、夏の終わりを感じさせる日が増えてきます。暦の上では、秋の始まりの日（立秋↓80ページ）が定められていますが、自分自身の体で季節の移ろいを、感じてみるのもいいでしょう。

夏の終わりには、夏休み中にした楽しかった遊びや、食べておいしかったものなど、夏の思い出を家族で話してみるのも楽しいでしょう。

なつを よんだ うた

しずかさや いわに しみいる せみの こえ

閑かさや岩にしみ入る蟬の声（松尾芭蕉《まつおばしょう》）

きご

せみ（↓66ページ）

はいくの いみ

なんて しずかなんだろう。
いわに しみていくような
せみの こえが きこえることで
もっと しずかに かんじる。

めには あおば やま ほととぎす はつがつお

目には青葉山ほととぎす初鰹（山口素堂《やまぐちそどう》）

きご

あおば（↓49ページ）、
ほととぎす（↓67ページ）、
はつがつお（↓69ページ）

はいくの いみ

めには あおばが うつくしく みえて、
みみには ほととぎすの なきごえが きこえる。
はつがつおも おいしいなあ。
ぜんしんで なつの はじめを たのしもう。

あおがえる おのれも ペンキ ぬりたてか

青蛙おのれもペンキぬりたてか（芥川龍之介《あくたがわりゅうのすけ》）

きご

あおがえる（↓50ページ）

はいくの いみ

ぬれて ぴかぴかに ひかった
あおがえるが いる。
あおがえるよ、きみも
ペンキを ぬりたてなのかい。

だいのじに ねて すずしさよ さびしさよ

大の字に寝て涼しさよ淋しさよ（小林一茶《こばやしいっさ》）

きご

すずし（↓52ページ）

はいくの いみ

いえで ひとりで
だいのじに なって ねころぶと
すずしいけれど、なんだか
さびしさも かんじるなあ。

3 あきの ことば

なつから あきへ

なつやすみも もう あと はんぶん。
ひるまは まだまだ あついけれど、
ゆうがたに なると すずしくて
きもちが いいね。

りっしゅうを すぎると、もう あきが はじまります。
あさや ゆうがたの にわでは
すずしい あきの かぜが ふくことが あります。

りっしゅう 立秋
あきたつ 秋立つ
あききたる 秋来る
8がつ ようかごろ。
あきの はじまりの ひと
されている。
にじゅうしせっき（↓144ページ）の
ひとつ。

あきめく 秋めく
そらや かぜの ようすや
まわりの けしきが、だんだん
あきらしく なってくる。

しょしゅう・はつあき 初秋
あきはじめ 秋初め
あきの はじめの ころ。
ひるまは あついが、あさや
ゆうがたの かぜが すずしく、
あきが やってきたのを かんじる。

しんりょう 新涼
あきに なって かんじる
すずしさ。
なつの あつさのなかでの
すずしさとは ちがった、
あたらしい きせつの しんせんな
ここちよさが かんじられる。

あきの はつかぜ 秋の初風
あきの はじめごろに
ふく かぜ。

ざんしょ 残暑

あきに なっても
のこっている
なつのような あつさ。

しょしょ 処暑

ようやく あつさが
やわらいでくる ころ。
にじゅうしせっき（→144ページ）の
ひとつ。

ひぐらし（→98ページ）
かまきり（→98ページ）
きく（→95ページ）

きり ひとは 桐一葉

きりの はっぱが 1まい
おちるのを みて、
あきの おとずれを かんじること。
きりは、ほかの きと くらべると
はっぱが はやく おちる。

おうちのかたへ

「二十四節気（→144ページ）」では、8月8日頃の「立秋」を過ぎれば秋ですが、毎日のように猛暑に見舞われ、秋を感じるのは難しいかもしれません。しかし、平安時代の歌人、藤原敏行が「秋来ぬと目にはさやかに見えねども風の音にぞ驚かれぬる」（古今和歌集）と立秋を詠んだように、あたりの見た目はまだ夏でも、木陰を渡るかすかな涼風の音が聞こえることから、夏とは確かに違う秋の気配が漂っていることに気づきます。

また、立秋の朝に秋の気配を見つけた気持ちを表す「今朝の秋」、早朝や夕暮れに、かなかなと鳴く「ひぐらし」というせみも、季節の移り変わりを感じさせる秋の初めの季語です。

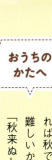

あきの はじまり

のはらに あそびに でかけたら、
はるとは ちがう かんじの
たくさんの はなが さいていて、
とても きれいだったよ。

なつやすみが おわって しばらく たつと
だんだん くうきが すみわたって きます。
あきの はじまりです。

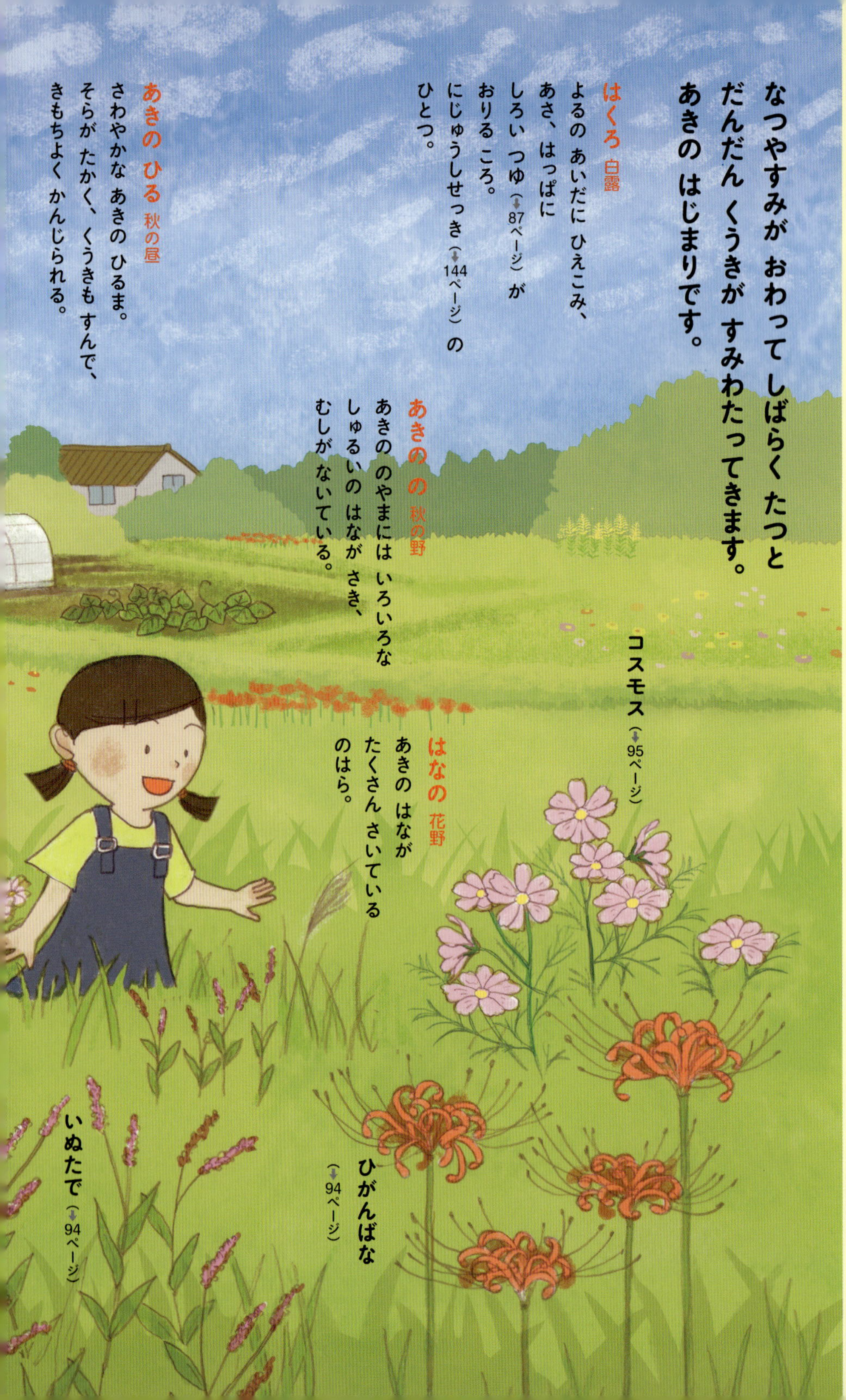
コスモス（↓95ページ）
ひがんばな（↓94ページ）
いぬたで（↓94ページ）

はくろ 白露

よるの あいだに ひえこみ、
あさ、はっぱに
しろい つゆ（↓87ページ）が
おりる ころ。
にじゅうしせっき（↓144ページ）の
ひとつ。

あきの ひる 秋の昼

さわやかな あきの ひるま。
そらが たかく、くうきも すんで、
きもちよく かんじられる。

あきの の 秋の野

あきの のやまには いろいろな
しゅるいの はなが さき、
むしが ないて いる。

はなの 花野

あきの はなが
たくさん さいている
のはら。

いわしぐも（↓88ページ）

しゅうぶん 秋分

9がつ 23にちごろ。
しゅんぶん（↓19ページ）と おなじく、
ひると よるの ながさが
ほぼ おなじに なる ひ。
にじゅうしせっき（↓144ページ）の
ひとつ。

もず（↓99ページ）

ちゅうしゅう 仲秋

あきの なかばごろ、
9がつごろを さす。
9がつの おわりには
くうきが ひんやりと
してくる。

せいたかあわだちそう（↓94ページ）

あきの こえ 秋の声

さわさわと した かぜの おとや
みずの ながれ、とりの こえなど、
しみじみと あきを かんじさせる
いろいろな おと。

ばった（↓98ページ）

すすき（↓94ページ）

おうちのかたへ

9月に入って暑さがようやく和らぐ頃、野山は「はぎ」や「すすき」「いぬたで」などの秋の花でにぎやかになります。「春の七草（↓133ページ）」が食べる草花であるのに対し、「秋の七草（↓94ページ）」は観賞する草花で、どこかはかなげな美しい花がしっとりと咲く様子は、目を楽しませてくれます。野山に自生していたり、店で売られていたりするので、探してみましょう。

また、「彼岸花（ひがんばな）」が咲く頃は秋の「彼岸（↓104ページ）」の時期で、各地で先祖供養のためにお墓参りをする風習があります。墓前などに供えるあんこ餅「おはぎ」は、秋の七草のはぎの花にちなんだ名前です。

あきが いっぱい

いなほが かぜに ゆられて きらきら ひかっていたよ。とおくの やまも あかや きいろに そまって、とても きれいだね。

10がつに はいり、やまが いろづいて あきが ふかまる ころ、いねや さつまいも、くだものなど いろいろな たべものが とれます。

こうよう（↓96ページ）

かんろ 寒露

くさばなに つめたい つゆ（↓87ページ）が つくほど、あきが ふかまってきた ころ。にじゅうしせっき（↓144ページ）の ひとつ。

やま よそおう 山装う

あかや きいろに そまった はっぱで いろどられた やまの ようす。

あきのた 秋の田

みが ふくらみ、たれさがった いねの ほで きんいろに かがやいて みえる たんぼ。

みず すむ 水澄む

あきに なって かわや みずうみの みずが すみわたり、きれいに みえること。

とんぼ（↓98ページ）

あきの いろ 秋の色

きんいろに かがやく たんぼや、こうようで あかや きいろに そまった やまなど、あきの けしきの いろ。

あきの ひ 秋の日

あきの 1にち。ひが くれるのが はやくなり、あわただしく かんじられる。あきの たいようと いう いみも ある。

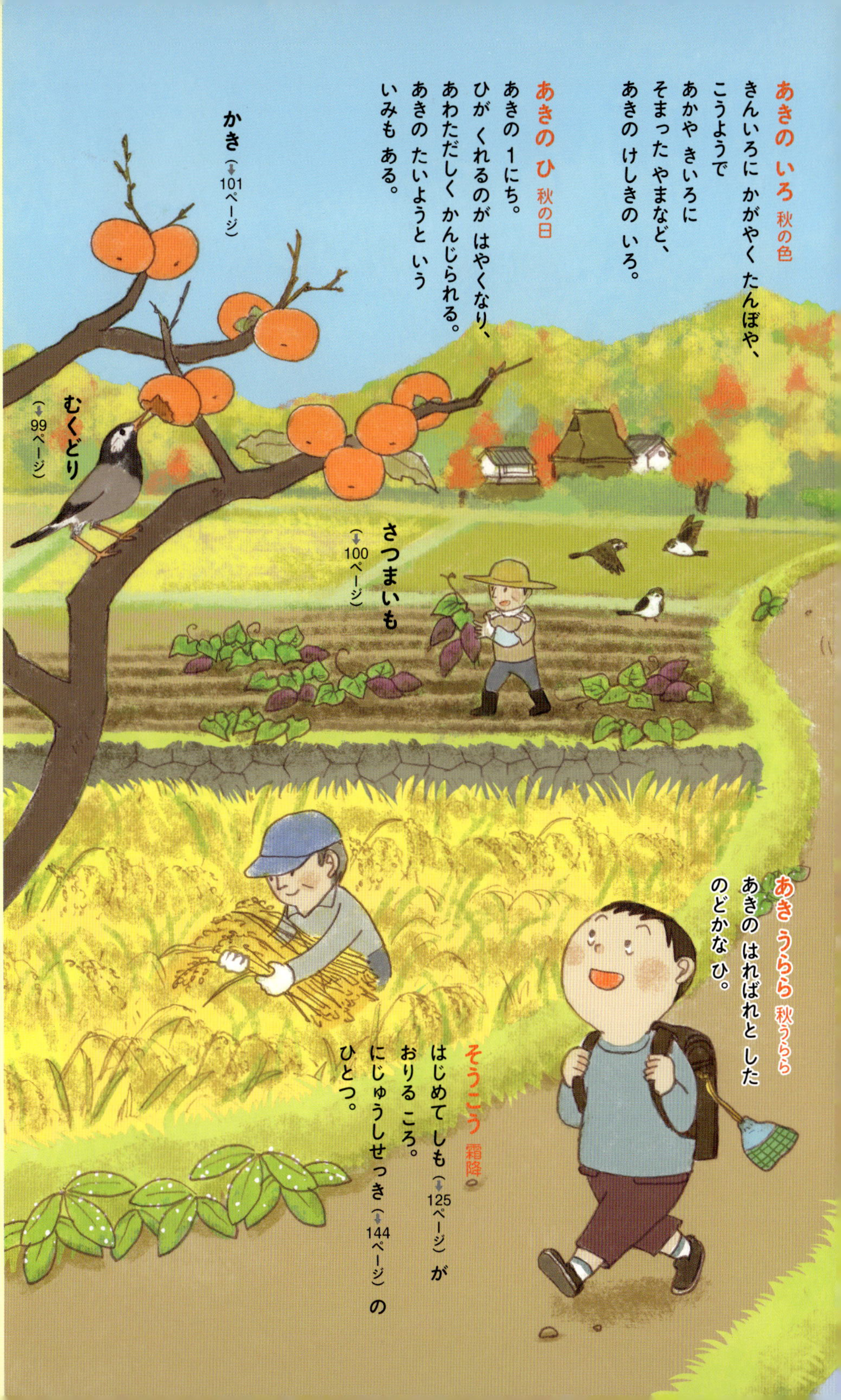

かき（↓101ページ）
むくどり（↓99ページ）
さつまいも（↓100ページ）

あきうらら 秋うらら

あきの はればれと した のどかな ひ。

そうこう 霜降

はじめて しも（↓125ページ）が おりる ころ。にじゅうしせっき（↓144ページ）の ひとつ。

おうちの かたへ

10月8日頃に迎える「二十四節気（↓144ページ）」の「寒露」を過ぎてからは、さらに秋が深まり、山の木々は赤や黄色に色づきます。また、水温が下がり、川や湖の水の透明度が高まるため、水面に空の雲や色づいた山々が映し出され、秋の景色は一層美しくなります。

その頃は「実りの秋」とも言われ、さまざまな果実や野菜が旬のときを迎えます。秋の季語には、「柿」や「さつまいも」などの果物や野菜をはじめ、「きのこ」「さんま」「新米」など、おいしい食べ物がたくさんあります。子どもと一緒に秋の味覚狩りに出かけて、おいしいものをたくさん食べてみましょう。

あきの てんき

きょうは すこし さむいね。あめが ふっていないのに、くさの うえに、きらきら かがやく みずの つぶを みつけたよ。ふしぎだね。

すみわたった そらは とても さわやかですが、はだざむくなるたびに すこし さびしさを かんじます。

はだざむ 肌寒

あきが ふかまってから かんじられる さむさ。ひるまでも さむくなることが ある。

みに しむ 身にしむ

あきの つめたさと ともに さびしさも からだに ふかく しみるように かんじられる。

あささむ 朝寒

あきの あさの さむさ。ひるまは あたたかくても、あさは かなり ひえこむ。

よさむ 夜寒

あきの おわりごろ、よるに なって さむさを つよく かんじること。

あき すむ 秋澄む

あきに なると かわいた くうきが ひろがり、そらが さわやかに すみわたる。

さわやか

くうきが すみ、まわりの けしきが かがやいて、すがすがしい きもち。

いなづま 稲妻

そらを はしる かみなりの ひかり。
むかし、このひかりが
いねを みのらせると
しんじられていた。

きり 霧

じめんの ちかくに かかる
うすい くものようなもの。
はるの かすみ（↓23ページ）と
にているが、かすみは とおくに かかり、
きりは あたりを つめたく おおう。

つゆ 露

かぜの ない はれた よるに、
くうきのなかの すいぶんが
はっぱなどに ふれて ひやされ、
みずの つぶに なったもの。
ひるには きえてしまう。

つゆしも 露霜

つゆが こおり、しも（↓125ページ）と
なって、うっすら しろくなったもの。
みずしもとも いう。

つゆしぐれ 露時雨

しぐれ（↓124ページ）が
ふったあとのように、
つゆが くさや はっぱいちめんに
おりて
ぬれたように
なること。

あきの しも 秋の霜

しもは ふゆに
おりるものだが、
ばしょによっては、
10がつの おわりごろに
みられる。
このころの しもは、
はたけの やさいなどを
いためることが ある。

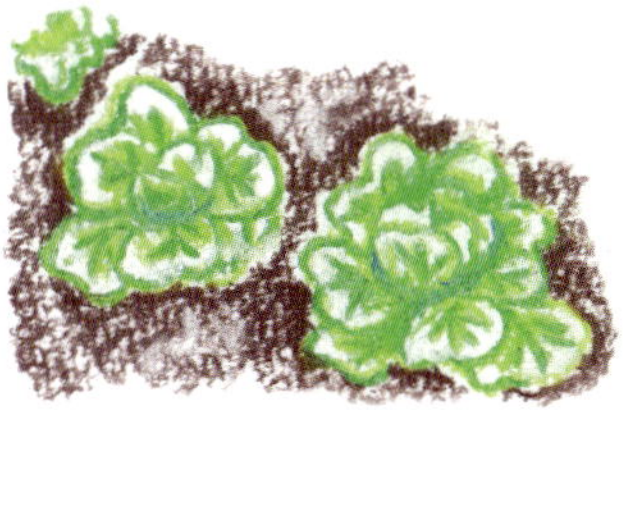

おうちのかたへ

残暑が一息つき、本格的な秋が始まると、太陽の光を乱反射して空を霞ませる水蒸気が少なくなるため、空気はほどよく乾燥し、空が一層澄み渡ります。目に見えるものだけでなく、いろいろな音も澄んで響くように感じられます。

また、空気中の水蒸気が夜の間に冷やされ、草木に露を結ぶ光景を目にするようになります。「露」は昼と夜の気温差の激しい秋に多く見られるため、秋の季語となっています。揺れるとこぼれ、日の光が当たるとすぐに消えてしまうため、はかないもののたとえにも使われます。わずかな時間のことを「露の間」、はかない現世のことを「露の世」と言うことがあります。

あきの そら

きょうは 1にち はれだって。
そらに ひろがる くもが さかなの うろこみたいで おもしろいね。
なんと いう くもなのかな。

すんだ あきの そらは なつよりも たかく かんじられます。

あきの そら 秋の空

すみきった あきの あおぞら。

あきの くも 秋の雲

すみきった あきの そらに うかぶ くも。

てん たかし 天高し

あきは くうきが すんでいるので、そらが たかく かんじられる。

あきぐもり 秋曇り

あきの くもりぞら。はると おなじく、あきの てんきも かわりやすい。

いわしぐも 鰯雲

いわしの むれのように みえる くも。うろこぐも、けんせきうんとも いい、そらの たかい ところに うかんでいる。

あきばれ 秋晴れ

くうきが すみ、はれわたった あきの そらのこと。

なつが おわり、あきに なると、だんだん ひが のぼるのが おそくなり、ひが しずむのが はやく なります。

あきの あさ 秋の朝

さわやかな あきの あさ。

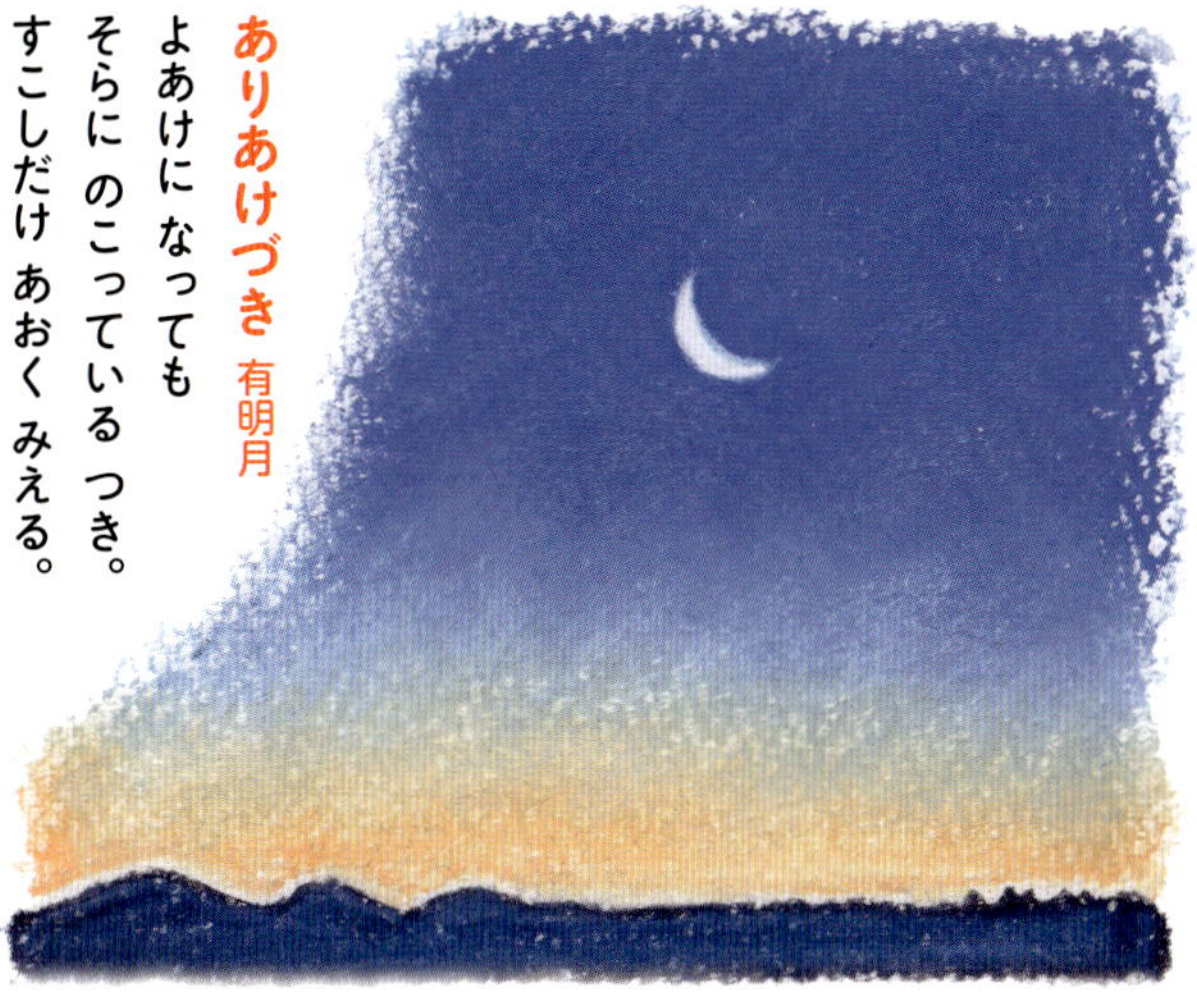

ありあけづき 有明月

よあけに なっても
そらに のこっている つき。
すこしだけ あおく みえる。

あきの くれ 秋の暮れ

あきの ゆうぐれのこと。
さびしい かんじが する。

あきの いりひ 秋の入り日

にしのほうに しずんでいく
うつくしい あきの たいよう。

つるべおとし 釣瓶落とし

みずを くむ つるべ（おけ）を
いどのなかに
おとすように
あきの たいようは、
すぐに しずむ。

つき 月

あきの そらに うつくしく
かがやく つきのこと。
あきは つきを みて すごす
つきみ（↓102ページ） と いう
ぎょうじが ある。

よなが 夜長

みじかい なつの よるのあと、
あきの よるが
ながく かんじられること。
すずしさが ここちよく、
どくしょや べんきょうを
するのに ちょうど よい。

おうちのかたへ

「天高く馬肥ゆる秋」とは、秋は空気が澄み空も高く感じられ、馬も太るような実りの季節であるという意味です。よく晴れたさわやかな日は「秋日和」、柿が熟す頃の晴天は「柿日和」、菊が咲く頃の晴天は「菊日和」と呼びます。ただ、秋の天気は、晴天の翌日に雨模様になったりするなど、非常に変わりやすいところがあります。

また、秋の夕暮れ時、空を赤く染めながら沈んでいく太陽を見ていると、少し切なくなります。新古今和歌集の「三夕（さんせき）の歌」でも、秋の夕日の美しさが詠まれているように、昔から、人々は美しい秋の空に心を寄せていたと考えられます。

あきの かぜ

きょう、さんぽを していたら
すずしい かぜが ふいて
たんぼの いねの ほが
さわさわと ゆれていたよ。

あきの おとずれを かんじさせる すずしい かぜは、あきが ふかまるに つれ、すこしずつ つめたくなって いきます。

あきかぜ 秋風

あきに なって ふく かぜ。りっしゅう（➡80ページ）の ころに ふく かぜは あきの おとずれを かんじさせる。

きんぷう 金風

あきかぜの べつの なまえ。きんいろに ゆれる いなほや あきの ひざしを おもわせる。

いろなき かぜ 色なき風

あきかぜの べつの なまえ。はるや なつに くらべて あきの かぜは うきうきするような かんじが なく、とうめいで すんでいる。

たいふう 台風

うずを まいた くもの あつまりに よって おこる つよい あめや つよい かぜ。にほんより ずっと みなみの ほうで うまれ、とくに 9がつから 10がつごろ、にほんへ やってくる。

のわき 野分

のの くさを かきわけるように ふく あきの つよい かぜ。おもに たいふうに よる かぜの こと。

はつあらし 初嵐

あきの はじめの ころに ふく あらあらしい かぜ。

あおぎた 青北

9がつから 10がつごろに
かけて はれた ひに ふく
つよい きたかぜ。
ふなのりが よく つかう
ことば。

かりわたし 雁渡し

あきの はじめから
なかごろに かけて、
かり（➡99ページ）が
にほんに とんでくる
ころに ふく きたかぜ。

きびあらし きび嵐

かりとるまえの
きびの おもい ほを
たおすように ふく かぜ。

はなのかぜ 花野風

たくさんの はなが さく
あきの のはらに、
はなを ゆらして
ふきわたる かぜ。

おうちのかたへ

日本各地には、特定の地域だけで吹く風、「地方風」があり、その土地独特の風の名前が多く存在します。地方風は、その土地特有の気候や風土をつくると言われています。

秋の風でいくつか挙げると、東北地方で鮭が産卵のために川をさかのぼる仲秋の頃の強風を「鮭颪（さけおろし）」、沖縄では10月初旬のさわやかな北東の風を「新北風（みーにし）」と呼びます。愛媛県東部一帯で吹く強い南寄りの風を「やまじ」、北陸から東北地方の日本海沿岸で秋に荒れる風を「若狭（わかさ）」、九州・山陰地方で晩秋に吹く北寄りの強風を「高西（たかにし）」と呼びます。

あきの あめ

きのうから ずっと こまかい あめが
ふりつづいているよ。
じゅうごやには、あめが やんで
おつきさまが みえると いいな。

あきの あめは つめたく、しとしとと ながく
ふります。

あきの あめ 秋の雨

あきさめ 秋雨

あまつぶは こまかく、
はるの あめに くらべ、さびしくて
つめたい かんじが する。

しゅうりん 秋霖

つゆ（↓62ページ）のように ながく ふる
あきの あめ。

あきしぐれ 秋時雨

あきの おわりごろ、ふっては
すぐに やむ あめ。
ふゆの おとずれを
かんじさせる。

きんもくせい（↓95ページ）

あきじめり 秋湿り

あきの ながい あめで、
くうきが しっとり
つめたくなること。

きりさめ 霧雨

おとも なく ふる
きりのような あめ。

れいう 冷雨

あきの おわりごろに
ふる つめたい あめ。

うげつ 雨月

あめで じゅうごや（➡102ページ）の
つきを
みることが
できないこと。
ざんねんな
きもちが
こめられている。

はくしゅうう 白驟雨

あきに ふる あまつぶの
おおきな はげしい あめ。

ふじの はつゆき 富士の初雪

9がつの なかごろ、
ふじさんに ふる
はじめての ゆき。

おやまあらい 御山洗い

ゆきで ふじさんに
のぼれなくなる ころに
ふる あめ。
たくさんの ひとが
のぼった ふじさんを
このあめが
あらいきよめると
いわれている。

おうちのかたへ

日本の風土は降水量が多く、人々は稲作に欠かせない雨を大切にしてきたため、雨を表す言葉を数えきれないほど生み出しました。秋の雨を表現する言葉は、ここで紹介した以外に、梅雨のような秋の長雨を表す「秋入梅（あきついり）」「すすき梅雨」などがあります。

「雨月」「月の雨」「雨の月」など、夜、雨が降っているために見えない中秋の名月の姿を想像して楽しむ情緒豊かな季語もあります。親子で降る雨に耳を澄ましたり、窓から雨の降る様子を眺めたりしながら、その情景に合う言葉を考えて雨の日を楽しんでみましょう。

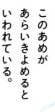

あきの はなと き

あきは、いろとりどりの くさばなだけでなく、どんぐりなど いろいろな きのみも みられる、にぎやかな きせつです。

あきに はなが さく くさ

つゆくさ 露草

あさ さいた はなが、ひるに しぼむため、ひるに きえる つゆ（↓87ページ）に たとえて なづけられた。

いぬたで

こめつぶのような はなを ままごとの ごはんに みたてた あそびから、あかまんまとも よばれる。

すすき

あきの ななくさの ひとつで、おばなとも いう。

せいたかあわだちそう

すすきが はえる ばしょに いっしょに はえていることが おおい。

ひがんばな 彼岸花

あきの ひがん（↓104ページ）の ころ、たんぼの まわりや どてなどに あつまって さく。

あきの ななくさ 秋の七草

あきには はなを みて たのしむ、7つの くさばなが あります。

はぎ

すすき

なでしこ

おみなえし

くず

ふじばかま

ききょう

ちかくの はらっぱに すすきが たくさん はえていたよ。あきの ななくさの ひとつなんだって。ほかには どんなくさが あるのかな。

かだんの はな

コスモス
はなびらが さくらに
にて いる ことから
あきざくらとも いう。

けいとうか 鶏頭花
はなが にわとりの
とさかに にて いるため、
この なまえが ついた。

きく 菊
いろいろな いろ、
かたちが ある。
はなを たべる
ことも ある。

あきに はなが さく き

きんもくせい
はなが さくと
とても よい かおりが
とおくまで ひろがる。

むくげ
あさ、はなが さき、
ゆうがたには
しぼんで しまう。

しゅうえん 秋園
あきの にわ。
こうよう （➡96ページ） した
きの したで はなが さき、
きのみが ころがり、
むしが あちこちで
ないて いる。

いろいろな きのみや かじつ

どんぐり
ぶなの なかまの
きのみ。
ほそい ものや
まるい ものが ある。

とちの み とちの実
とちの きのみ。
からが かたい。

えのきの み えのきの実
えのきの きに、
8がつの おわりごろ
できる み。

あけび
じゅくすと みが
われる。
なかみを そのまま
たべられる。

おうちのかたへ

秋の野山は、「秋の七草」をはじめ、たくさんの草花で彩られます。どれも小ぶりで色も目立ちませんが、清らかで美しく、「草の花」という季語で呼ばれ、愛されています。

また、くぬぎやかし、ならなどの木がどんぐりをつけ、ぽとりぽとりと落ちて転がる様子も秋ならではの光景です。どんぐりを含む「木の実」は秋の季語で、風が吹くと通り雨のように木の実がパラパラと音を立てて落ちる様子を「木の実雨（このみあめ）」「木の実時雨（このみしぐれ）」と呼びます。

どんぐりは、公園などで手軽に拾うことができます。親子で公園に出かけて、どんぐり拾いを楽しみましょう。

こうようずかん

こうえんの きの はっぱが
あかや きいろに かわっていたよ。
きれいな おちばを ひろって
あつめてみたよ。

あきには のやまだけでなく、
こうえんや どうろの きの はっぱも
きれいな あかや きいろに そまります。

もみじ・こうよう 紅葉
きの はっぱが おちるまえに
あかや きいろに そまること。

うすもみじ 薄紅葉
あかや きいろに
うすく いろづきはじめた
はっぱ。
まだ みどりの はっぱも
のこっている。

もみじ かつ ちる 紅葉かつ散る
はっぱが いろづきながら
ちっていく きの ようす。

はつもみじ 初紅葉
そのとし、はじめて
いろづきだした はっぱ。

もみじがり 紅葉狩り
のやまに もみじを
みに いくこと。

のやまの にしき 野山の錦

のやまの くさや きが
あざやかに
いろづく ようすを、
にしきと いう
いろや もようの
うつくしい おりものに
たとえて いった ことば。

てりは 照葉

もみじの はっぱに ひの ひかりが
あたって かがやいて みえること。

こうらく 黄落

はっぱが きいろく
いろづいて、 おちること。

こうようする いろいろな はっぱ

かえで

はっぱの かたちが
かえるの てに にているので、
むかしは かえるでとも
よばれていた。

かきもみじ 柿紅葉

かき（➡101ページ）の
はっぱ。あかや きいろ、
ちゃいろなど
さまざまな いろが
もようのように いろづく。

いちょう

きれいな きいろに
そまる。たねは
ぎんなん（➡101ページ）と
いい、たべられる。

さくらもみじ さくら紅葉

さくら（➡32ページ）の はっぱ。
さくらは はるの はなだけで
なく、あきの こうようも
たのしめる。

おうちのかたへ

「紅葉狩り」は野山に紅葉を見に出かけることで、美しい紅葉を探して自然の中をめぐる様子が狩りに似ているため、このような表現となりました。紅葉の美しさは、百人一首にも詠まれるなど、昔から日本人は色づいていく折々の色合いを愛で、多彩な言葉で表現してきました。

ここで紹介した言葉以外に、まだ紅葉していないかえでで「若楓（わかかえで）」、夕日に映える紅葉「夕紅葉（ゆうもみじ）」、秋が深まり濃く色づいた様子「濃紅葉（こもみじ）」、濃い葉と薄い葉が木の中で混ざり合う様子「斑紅葉（むらもみじ）」などがあります。

あきの いきもの

よる、にわに でてみたら、
リーンリーン、コロコロと、
いろいろな むしの こえが
きこえてきたよ。

あきは むしたちが うつくしい こえで なく きせつです。

むし

こおろぎ
なつから
あきに かけて、
くさむらで
コロコロと なく。

すずむし 鈴虫
リーンリーンと
すずの おとのような
こえで なく。

まつむし 松虫
チンチロリンと
かねの おとのような
こえで なく。

かまきり
おおきな かまのような
まえあしで、えものを
つかまえる。

ひぐらし
なつの おわりから
あきの はじめごろ、
カナカナと
なく せみ。

ばった
うしろあしで たかく
とびあがる。

とんぼ
ゆうひや おちばと
おなじ いろを している
あかとんぼは、あきの
おとずれを かんじさせる。

みのむし
かれはや えだなどを いとで
からめて みのを つくる。
きの えだや のきしたに
ぶらさがり、ふゆを こす。

むししぐれ 虫時雨
たくさんの むしが
いっせいに なく こえを
しぐれ（➡124ページ）の
おとに たとえている。

とり

むくどり

あきに なると、
こそだてを おえた とりや
わかい とりが あつまり、
むれを つくる。

もず

つかまえた
えものなどを えだに
つきさすことが ある。
これを はやにえと
いう。

はやにえ

かり 雁

がんとも いう。
あきに きたの くにから
にほんへ やってきて
すごす。

きつつき

とがった くちばしで
きの みきに あなを
あける。

わたりどり 渡り鳥

はるから なつに やってくる
なつどり、あきから ふゆに
やってくる ふゆどりが ある。

さしば
（なつどり）

はくちょう
（ふゆどり）

いろいろな どうぶつ

いのしし

のやまに すむ。
あきに やまを おり、
はたけを あらすことが ある。
こどもは うりぼうと いう。

しか 鹿

おすは つのが あり、
あきに めすを もとめて なく。

うま こゆる 馬肥ゆる

ふゆに そなえて、うまが
ちからを たくわえ、
たくましく そだつこと。

おうちのかたへ

たくさんの草木が実をつける秋は、生き物たちにとってうれしい季節です。木の実をついばむ鳥、どんぐりを頬張るいのししなど、生き物は野山に集まって命をつなぎます。かるたの一種、花札にも、はぎにいのしし、紅葉に鹿など、秋の生き物と草木を組み合わせた絵柄が登場します。

秋の夜には、いろいろな虫の音が響きます。虫の音を楽しむ習慣は平安時代から始まり、江戸時代には虫の音を聴きながら詩を詠む「虫聞きの会」が行われていました。日本では、昔から虫の音を雑音ととらえずに、夜長を彩る秋の風情として楽しんできました。

あきの たべもの

きょうは かぞくで
いもほりを したよ。
やきいもに して たべたら
ほくほくで おいしかったよ。

あきは、みのりの あきと いわれ、
たくさんの やさいや くだものが とれる きせつです。

しいたけ

ほした しいたけで
だしを とると
よい だしが とれる。

しめじ

おみせで みかけるのは、
ぶなしめじと いう しゅるい。
すいものや たきこみごはんに
して たべる。

しめじの
すいもの

まいたけ

みつけた ひとが まいおどる
くらい めずらしい きのこと
いうことから なづけられたと
いわれている。

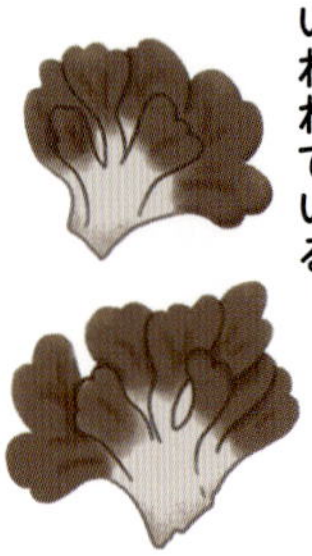

まつたけ

あかまつの はやしに
はえることが おおい。
かおりが とても よい。

くり

とげの ある いがに
つつまれた たねを
たべる。

くりごはん

さつまいも

ふとく そだった ねの
ぶぶんを やいたり、にたり、
ふかしたり して たべる。

やきいも

たべものを とって たのしむ あき

くりひろい くり拾い
じゅうぶん
おおきくなって
おちた くりの
みを ひろうこと。

きのこがり きのこ狩り
やまに きのこを
とりに いくこと。
きのこは どくを
もつものが
おおいので
きを つける。

いもほり いも掘り
つちのなかの
さつまいもを
ほること。

かぼちゃ

なつに きいろの はなを
さかせたあと、
あきに みを つける。
にものに すると おいしい。

かぼちゃの
にもの

あきなす 秋なす

あきに とれる なす。
なつに とれるものより、
みが ちいさい。たねが
すくなくて おいしい。

ぎんなん

いちょう（↓97ページ）の
きに なる たね。
かわを むいて、
ちゃわんむしに いれて
たべる。

かき 柿

あまい かきと、
じゅくしても あまくならない
しぶがきが ある。

ぶどう

マスカットや きょほうなど
いろいろな しゅるいが ある。
おさけの ざいりょうにも なる。

なし 梨

かたちは りんごと にているが、
りんごよりも みずみずしい。
すこし かわが ざらざら
している。

さんま

かたなのように ほそながい。
しおやきに して たべる。

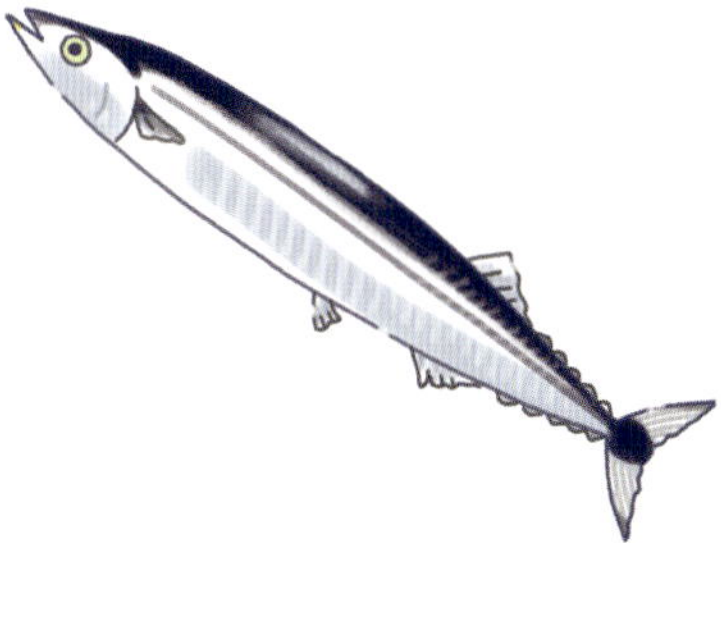

さんまの
しおやき

おうちのかたへ

実りを迎えたさまざまな食べ物が秋の食卓を彩ります。食欲がわく季節の到来です。ここで紹介した食べ物以外にも、魚では「まいわし」「鮭」、野菜では「ごぼう」「さといも」、果実では「落花生」や「りんご」「いちじく」などが秋に旬を迎えます。子どもと一緒に買い物に出かけて、旬の味を探しながら会話を広げてみましょう。

旬をおいしく頂く料理法はいろいろありますが、「炊きこみご飯」はご飯とおかずが一緒に食べられ、香りも栄養バランスもよい手軽なメニューです。くりやきのこ、さつまいも、さんまや鮭などを具材に、秋の旬の味を楽しみましょう。

あきの ぎょうじと くらし①

きょうは かぞくで おつきみを するよ。
おつきさまと おなじ まんまるの おだんごも おいしそうだね。

にほんでは むかしから、あきに つきを みて たのしんでいました。

つきよ 月夜

つきが あかるい よる。
あきは くっきりと した うつくしい つきが みえる。

じゅうごや 十五夜

むかしの こよみ（↓147ページ）で 8がつ 15にちの よるの こと。
おおきな まんげつを みて たのしむ。

めいげつ 名月

じゅうごやに かがやいて みえる まんまるの つき。

げっこう 月光

つきの ひかり。
はれた ひの まんげつの よるは つきの ひかりで よるでも あかるい。

つきみ 月見

つきを みて たのしむこと。
とくに、じゅうごやと じゅうさんや（↓103ページ）の つきを みること。
すすきや つきみだんごを そなえる。

いもめいげつ 芋名月

じゅうごやは さといもなどを そなえることが おおいので、いもめいげつとも よばれる。

じゅうさんや 十三夜
むかしの こよみで
9がつ 13にちの よるのこと。
まんげつの ふつかまえの
すこし かけている つきを たのしむ。

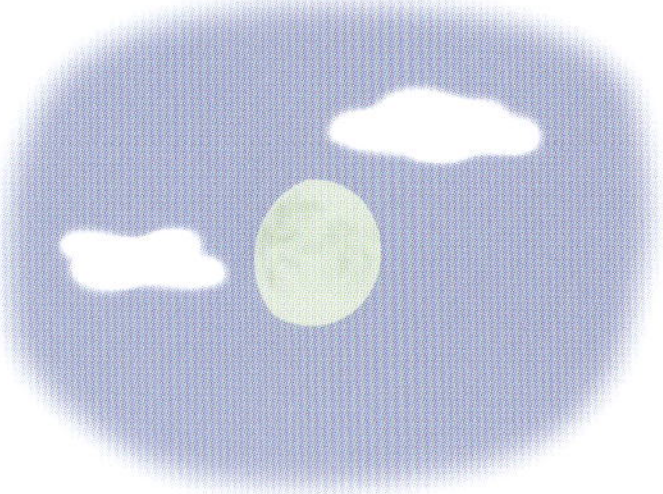

のちの つき 後の月
じゅうさんやの べつの よびかた。
そのとしの あきの さいごの つき。
はだざむく さびしい かんじ。

くりめいげつ くり名月
まめめいげつ 豆名月
じゅうさんやは
くり（↓100ページ）や えだまめ（↓68ページ）を
そなえることから、このように
よばれることも ある。

ほしづきよ 星月夜
つきが でていないのに、
まるで つきが でているように
ほしの ひかりだけで
あかるい よる。

いろいろな つきの なまえ

つきの かたちは まいにち すこしずつ
かわっていきます。これを
つきの みちかけと いいます。
にほんでは そのみちかけによって、
いろいろな なまえで つきを よびます。

まんげつ 満月

みかづき 三日月

ゆみはりづき 弓張月

いざよい 十六夜

おうちの かたへ

旧暦8月15日の月「十五夜」は1年で最も美しい月として古くから観賞されてきました。十五夜翌日の月を「十六夜」、その翌日は「立待月（たちまちづき）」、そのまた翌日は「居待月（いまちづき）」と、昔の人は一夜ごとに呼び名を変えて月を眺め、さらに1か月近くたった旧暦9月13日の月「十三夜」も観賞しました。十五夜と十三夜の片方だけしか観ないことを「片月見（かたつきみ）」と呼び、縁起が悪いと嫌いました。
お供えしたお団子をお月見の後に食べると健康と幸せが得られ、魔よけの力があると言われるすすきを軒下につるしておくと1年の間病気をしない、という言い伝えがあります。

あきの ぎょうじと くらし②

きょうは まちに まった
うんどうかい。みんなで
いっぱい れんしゅうしたから
ほんばんでも がんばるよ。

あきには いろいろな ねがいの こめられた ひや、
ぎょうじが あります。
すずしくなるので、うんどうしたり
ほんを よんだりするのにも ぴったりの きせつです。

あきまつり 秋祭り
あきに たくさん こめや やさいが
とれたことに かんしゃする まつり。
いねかりが おわったあとに
おこなわれることが おおい。

あきひがん 秋彼岸
ひがんは はると あきの
2かい ある。
しゅうぶん（↓83ページ）の ひを
まんなかの ひに する
なのかかんが
あきの ひがん。
ひがんには せんぞの
はかまいりを する。

けいろうの ひ 敬老の日

おとしよりが
ながいき できるように
ねがう ひ。
9がつの だい3げつようびと
きめられていて、
そのひは やすみと
されている。

たいいくの ひ 体育の日 ※

うんどうに したしみ、 けんこうな
からだを つくることを ねがう ひ。
10がつの だい2げつようびと
きめられていて、 そのひは
やすみと されている。

うんどうかい 運動会

みんなで あつまって
いろいろな うんどうを
する ぎょうじ。
チームに わかれて
きそったりも する。

ぶんかの ひ 文化の日

おんがくを きいたり
どくしょを したり
えを かいたり みたりして、
いろいろな ぶんかに したしむ ひ。
11がつ みっかと きめられていて、
そのひは やすみと されている。

どくしょの あき 読書の秋

あきは すずしくなり、
よるが ながくなるので、
ほんを よむのに よい
きせつと いうこと。

しちごさん 七五三

おとこのこは
3さいと 5さいの とし、
おんなのこは
3さいと 7さいの としに、
げんきに そだったことを
いわう ぎょうじ。
11がつ 15にちに
おこなわれる。

※「体育の日」は、2020年から「スポーツの日」に名称が変わります。

おうちのかたへ

夏の祭りは、病気や災害を防ぐ厄払いのために行われますが、秋の祭りは、作物の収穫に感謝するという意味があります。稲作が生活の中心だった昔、田植えを始める春に山から田の神が里に降りてきて、稲の成長を見守って豊作をもたらし、秋の収穫が終われば山に帰って山の神になると伝えられていました。

「七五三」は、神様に子どもが無事に成長していることへの感謝の気持ちを伝え、これからの健やかな成長を願う行事です。本来は、「立冬（➡112ページ）」を過ぎた11月15日に行われるため、冬の季語ですが、現在の季節感に合わせて、ここで紹介しています。

あきの ぎょうじと くらし③

おじいちゃんの たんぼの
いねかりを てつだったよ。
とれたての おこめを
たべるのが たのしみだな。

あきは たいせつに そだてた いねを
かりとる きせつです。

いねかり 稲刈り
みのった いねを かりとること。
むかしは かまで かりとっていたが
いまは、いねかりきを つかうことが
おおい。

いなほ 稲穂
いねの ほ。
いなほの みが
おおきくなると ほさきが
たれさがってくる。

ほうねん 豊年
いねや やさいなどが
たくさん とれた としのこと。
あまり とれなかったときは
きょうさくと いう。

かりた 刈り田
いねを かりとったあとの
たんぼ。
たんぼの つちが みえ、
いねの ねもとの ぶぶんが
ならび、のんびりと した
けしきが ひろがる。

かかし

たんぼを あらしに くる
とりや どうぶつを
おいはらうために
たてる にんぎょう。

いなすずめ 稲すずめ

みのった いねを たべに
やってくる すずめたち。
おいはらうのに くろうする。

おちぼ 落ち穂

かりとった あとの たんぼや
みちに こぼれおちている
いねの ほ。
こめを むだに しないために
おちぼを ひろう。

いねほす 稲干す

かりとった いねを はさに
かけ、ひの ひかりを あて
かわかすこと。

しんまい 新米

そのとしに
とれた こめ。
あたらしいので
みずみずしく
とても おいしい。

おうちのかたへ

稲作は、はるか三千年もの昔に中国から伝えられました。それ以来、日本では米作りが暮らしを支え続けてきました。また、米作りは1年を通して美しい景色もつくり出しました。夏の「植田（➡51ページ）」が「青田（➡53ページ）」へと成長し、秋に実り「刈り田」になるまで、田んぼは四季折々の表情を見せてくれます。

「植田」「青田」は夏の季語、「刈り田」は秋の季語です。

秋の田んぼに関わる季語はほかに、実った金色の稲穂が波のように風になびいている様子を表す「稲の波」、稲の肥料となるれんげの種を田んぼにまく「紫雲英蒔く（げんげまく）」などがあります。

あきの おわり

こうえんに どんぐりを ひろいに
いったら、じめんに あかや きいろの
はっぱが おちていたよ。
もう あきも おわりかな。

あきの おわりが ちかづくと、こうよう（↓96ページ）した はっぱが おちはじめます。ひざしも よわくなり、かぜも ひましに つめたくなって いきます。

ばんしゅう 晩秋

あきの おわり。10がつから 11がつの はじめごろ。あきを しょしゅう（↓80ページ）、ちゅうしゅう（↓83ページ）、ばんしゅうと わけた さいごの ころ。

あき ふかし 秋深し

あきが おわりに ちかづき、さびしさが ただよう ようす。

くれの あき 暮れの秋

あきの おわりごろ。きの はっぱが おち、あきの かぜが さびしく ふく。

ゆく あき 行く秋

すぎさろうと している あき。そのことを しみじみと さびしく おもう きもちが こもった ことば。

あき おしむ 秋惜しむ

すぎさって しまう あきを ざんねんに おもうこと。「ゆく あき」よりも さびしい きもちが つよい。

おうちのかたへ

一雨ごとに気温が下がり、夕暮れが早くなってくると、冬の足音が聞こえ始めます。晩秋の寒さを表す季語はいろいろあり、なんとなく感じる寒さ「そぞろ寒（そぞろさむ）」、心細さを感じる冷え冷えとした寒さ「冷まじ（すさまじ）」などがあります。いちょうが葉を落とし、道を黄色のじゅうたんに変える様子の言葉「いちょう散る」や、鳴き声に力がなくなった秋の虫を表す「残る虫」は晩秋の季語で、去り行く秋を惜しむ思いが込められています。

子どもと一緒に外へ出てみて、秋から冬への季節の移り変わりを体で感じてみましょう。

あきの ゆうやけ 秋の夕焼け
あきの ゆうやけは、なつに くらべて いろが あわく、はやく ひが しずむ。
さしば（99ページ）
みのむし（98ページ）
ふゆとなり 冬隣
ふゆちかし 冬近し
あきの おわりの ころ、ひざしが よわくなり、ふゆが ちかいと かんじる。
つゆさむ 露寒
あきの おわりの ころ、つゆ（87ページ）が しも（125ページ）に かわる ころの さむさ。
えのきのみ（95ページ）
どんぐり（95ページ）
かえで（97ページ）

あきを よんだ うた

かき くえば かねが なるなり ほうりゅうじ

柿くへば鐘が鳴るなり法隆寺（正《まさ》岡《おか》子《し》規《き》）

きご かき（→101ページ）

はいくの いみ
かきを たべると
ほうりゅうじの
かねの おとが
きこえてきた。
あきだなあ。

きり ひとは ひ あたりながら おちにけり

桐一葉日当たりながら落ちにけり（高《たか》浜《はま》虚《きょ》子《し》）

きご きり ひとは（→81ページ）

はいくの いみ
きりの はっぱが 1まい
ひの ひかりに
あたりながら おちたなあ。
あきが はじまったのだ。

おりとりて はらりと おもき すすきかな

をりとりてはらりとおもきすすきかな（飯《いい》田《だ》蛇《だ》笏《こつ》）

きご すすき（→94ページ）

はいくの いみ
すすきを おって
てに とってみると、
かるそうに みえたのに
おもったより おもく
かんじるなあ。

こんな よい つきを ひとりで みて ねる

こんなよい月を一人で見て寝る（尾《お》崎《ざき》放《ほう》哉《さい》）

きご つき（→89ページ）

はいくの いみ
そらに きれいな つきが
でているのを、
わたしは ひとりで みて
ねるのだ。さびしい。

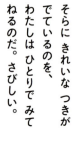

4

ふゆの ことば

あきから ふゆへ

きょうは おばあちゃんと はたけまで
あるいたよ。つちだけの たんぼや
くさが かれた はらっぱは
なんだか さびしいな。

あきの はなも さきおわり、かれた ちゃいろの
くさむらの けしきが ひろがって います。

りっとう 立冬
11がつ ようかごろ。
ふゆの はじまりの ひと
されて いる。
にじゅうしせっき（↓144ページ）の
ひとつ。

しょとう・はつふゆ 初冬
ふゆの はじめごろ。
くうきは ひんやりしているけれど、
こうよう（↓96ページ）や
いねかりのあとの たんぼが
まだ みられる。

だいこんひき 大根引き
だいこんを はたけから
ひきぬいて とること。
ゆきのなかで とることも
ある。

きまもり 木守り
らいねんも たくさん みが
つくようにと いう ねがいを こめて、
ひとつだけ きに
のこしておく
かき（↓101ページ）の みや、
ゆずの みのこと。

こはるびより 小春日和
ふゆの はじめの ころの、はるのように
あたたかい てんきのこと。

しょうせつ 小雪

11がつ 23にちごろ。
さむい ちいきでは ゆきが
ふることが あるが、
まだ おおゆきには ならない。
にじゅうしせっき（⇩144ページ）の
ひとつ。

ふゆた 冬田

いねを かりとったあとの
たんぼ。のこった いねの
ねもとの ぶぶんも かれて、
すこし さびしい ようす。

たきび たき火

かれえだや おちばなどを
あつめて、もやすこと。
たきびに あたると
からだが ぽかぽかと あたたまる。

かえりばな 帰り花・返り花

こはるびよりに はると
まちがえて さく はな。

かれおばな 枯れ尾花

かれた
すすき（⇩94ページ）の ほ。

つわの はな

（⇩128ページ）

おうちのかたへ

冬が近づくにつれて、草花も冬に入る準備をし始めます。すすきやおぎなどは、地上に出ている部分は枯れていますが、土の中の茎や根は生きていて、そのまま冬を過ごします。たんぽぽやなずななどは、春に見られるような茎をのばした姿から、地面にはりつくように葉だけを残して冬を越します。植物は季節に合わせて変化しながら生きているのです。

「落葉たく」という季語もあるように、日本人は、晩秋から冬にかけての風物詩として、たき火を庭や神社の境内などでよく行っていました。落葉だけを燃やすのはもったいないと、さつまいもやくりなども焼いて食べていました。

ふゆの はじまり

もうすぐ とうじだね。
いけの うえに きれいな
とりが たくさん いたよ。
つめたくないのかな。

つめたく すんだ ふゆの くうきのなか、
いけでは、きたのほうから やってきた
かもや おしどりが ゆったりと およいでいます。

たいせつ 大雪

ゆきぐにでは、ゆきの ひが
おおくなる ころ。
にじゅうしせっき（↓144ページ）の
ひとつ。

やま ねむる 山眠る

ねむっているように
しずかで おだやかな
ふゆの やまの ようす。

おちば 落ち葉

ちって おちた きの はっぱ。
12がつに はいると、
ほとんどの はっぱが
まいおちる。

かも
（↓130ページ）

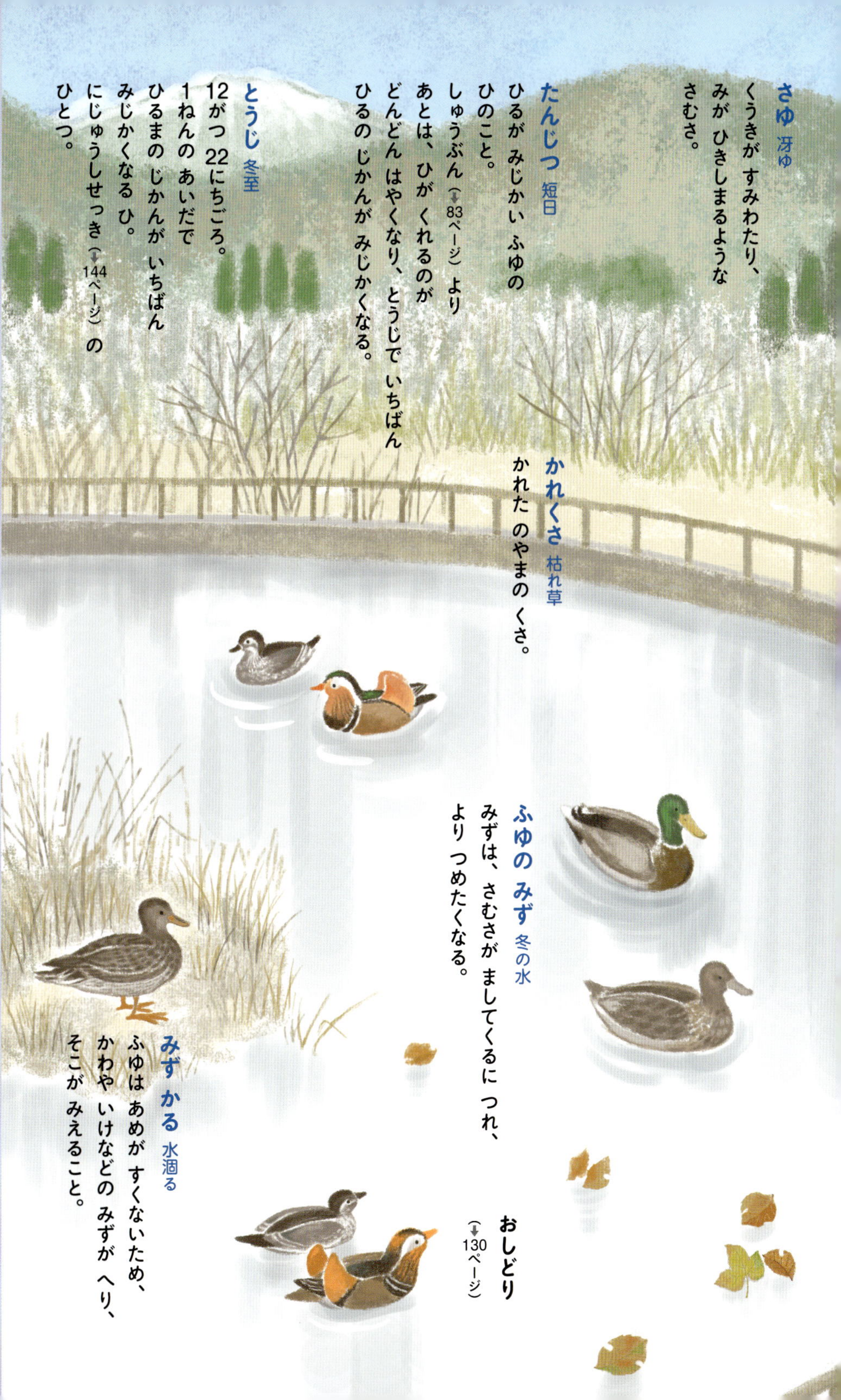

さゆ　冴ゆ

くうきが すみわたり、
みが ひきしまるような
さむさ。

たんじつ　短日

ひるが みじかい ふゆの
ひのこと。
しゅうぶん（↓83ページ）より
あとは、ひが くれるのが
どんどん はやくなり、とうじで いちばん
ひるの じかんが みじかくなる。

とうじ　冬至

12がつ 22にちごろ。
1ねんの あいだで
ひるまの じかんが いちばん
みじかくなる ひ。
にじゅうしせっき（↓144ページ）の
ひとつ。

かれくさ　枯れ草

かれた のやまの くさ。

ふゆの みず　冬の水

みずは、さむさが ましてくるに つれ、
より つめたくなる。

みずかる　水涸る

ふゆは あめが すくないため、
かわや いけなどの みずが へり、
そこが みえること。

おしどり（↓130ページ）

おうちのかたへ

「二十四節気（↓144ページ）」の中の「冬至」は、1年の中で最も昼が短い日です。「短日」という冬の季語は、昼が短いことを言います。反対に、昼間が長くなった春には「日永」、涼しい夜が短い夏には「短夜（みじかよ）」、夜が長くなる秋には「夜長」と、各季節で人が感じる昼と夜の長さを表現した季語があります。

落葉樹の立ち並ぶ道では地面が落葉でいっぱいになります。多くの落ち葉の上を「さくさく」と踏み鳴らしながら歩くのは、この季節ならではの楽しみです。また、冬の季語である「水鳥」が見られるのもこの季節です。水辺では越冬のために北から渡ってきた水鳥たちのにぎやかな様子を楽しむことができます。

ふゆが いっぱい

あさ、そとに でたら、
ぶるぶる ふるえるくらい さむかったよ。
はぁーっと いきを はいたら
まっしろだったよ。

1がつが はじまり、ますます さむさが きびしく なります。
あさ はやくには こおりが はるほどに なりました。

かんの いり 寒の入り
1ねんの うちで いちばん
さむさが きびしい じきに
はいる ひのこと。
1がつ むいか あたり。

いき しろし 息白し
さむい ひ、ひとの はく
いきが しろく みえる ようす。

しょうかん 小寒
かんの いりの
ひのことで、このひから
より さむくなる。
にじゅうしせっき（↓144ページ）の
ひとつ。

かじかむ
さむさのため、ゆびさきが
こごえて うまく うごかせなく
なること。

かんすずめ（↓130ページ）

つらら（↓125ページ）

ひもかがみ 氷面鏡
かがみのように
いろいろなものを
うつす こおりのこと。

こおり（↓125ページ）

ふゆの ひ 冬の日

よわい ひかりだけれど、
どこか ぽかぽか あたたかい
ふゆの たいよう。
また、ふゆの 1にちの
ことも いう。

ふゆざれ 冬ざれ

くさが かれ、きは みきだけに
なり、やまなど まわりの
けしきが あれはてる ようす。

だいかん 大寒

1がつ はつかごろ。
1ねんの あいだで いちばん
さむい ころ。
にじゅうしせっき（↓144ページ）の
ひとつ。

ふゆこだち 冬木立

さむさのなかで
たちならぶ き。
はっぱが おち、
さびしく たちならぶ
きのことを
かれこだちとも いう。

はだかぎ 裸木

はっぱが おちて、
はだかのように
なった き。

かれの 枯れ野

ふゆの のはらのこと。
くさが かれはて、
がらんと している。

おうちのかたへ

1月6日頃に「二十四節気（↓144ページ）」の「小寒」を迎えます。「小寒」から「立春（↓16ページ）」の前日までを「寒（かん）」と呼び、この時期は1年の中で最も寒さがきびしくなります。しかし、外へ出てみると、吐く息が白くなる様子や、氷が張る様子など、この季節にしかない光景が見られます。暖かな服装で、冬の景色を探して楽しんでみましょう。

冬は寒さによって体も変調をきたします。ここで紹介した以外にも、冬に多い「風邪」や、手足がひび割れる「あかぎれ」、赤くはれてかゆくなる「霜焼け」も冬の季語です。寒さに負けないように、しっかりと防寒対策をしましょう。

ふゆの てんき

きょうは とても さむいね。
そとで おもいっきり
からだを うごかしたら
ぽかぽかに なったよ。

からだの しんまで ひえるほど さむい ひは、はるの あたたかさが こいしくなります。

スケート
(→139ページ)

さむし 寒し
ふゆの さむさ。
からだが かんじる さむさの
ほかに、かぜの おとを きいたり
ゆきげしきを みたりして、
こころで かんじる さむさの
ことも いう。

こっかん 酷寒
がまんできないほどの
ふゆの きびしい さむさ。

つめたし 冷たし
ちょくせつ
はだに かんじる
つめたさ。

ふゆしょうぐん 冬将軍
ふゆの きびしい さむさのこと。
フランスの ぐんじん、
ナポレオンが
ふゆの さむさで たたかいに
やぶれたことから このような
なまえが ついた。

ナポレオン

かんぱ 寒波
にほんより きたの くにから
つめたい くうきの かたまりが
やってくること。
かんぱが やってくると、
きおんが ぐっと さがる。

ロシアの シベリアちほう
つめたい くうき
にほん

ふゆ あたたか　冬暖か

ふゆでも はるのように
あたたかい ひが ある。

ふゆひでり　冬ひでり

ふゆに あめが すくなくなり、
ダムなどの みずが たりなくなること。
たいへいようがわに おおい。

ふゆの きり　冬の霧

とても さむい あさ、いけや かわの ちかくで
くうきのなかの すいじょうきが
ひやされて できる。
ひの ひかりが とざされ、
くらく おもたい かんじが する。

ふゆの らい　冬の雷

ふゆに なる かみなり。
にほんかいがわに おおい。

ゆきおこし　雪起こし

ゆきが ふりだしそうなときに
なる かみなりのことを いう。

おうちのかたへ

冬には、寒さの感じ方の違いによってさまざまな季語があります。「寒し」は体で感じる寒さのほかにも、木枯らしの音を聞いたり、雪が降る様子を見たりと、聴覚や視覚などによって感じる寒さも表します。寒さとは少し異なる、皮膚に直接感じる冷たさは「冷たし」と表します。また、ここで紹介した以外にも、

きびしい寒さが極まり、キンと凍るような冷たさを感じる寒さを「冴ゆ（さゆ）」、体のしんまで冷え込む寒さを「底冷え」と表し、これらも冬の季語です。

「寒の入り（→116ページ）」から9日目に降る雨「寒九（かんく）の雨」は、豊作の兆しと言われ、喜ばれます。

ふゆの そら

ふゆの そらは、くうきが すんで、ぬけるように きれいな あおい いろを して います。よぞらの つきや ほしも、ほかの きせつに くらべ、ひかり かがやいて みえます。

ふゆびより 冬日和

ふゆばれ 冬晴れ

ふゆの はれた ひ。こはるびより（↓112ページ）は、ふゆの はじめだが、ふゆびよりは さむさの きびしい ころの ひよりを いう。

ゆきばれ 雪晴れ

ゆきが やんで そらが きれいに はれあがること。まっさおな あおぞらの もと、まっしろな ゆきげしきが ひろがる。

いてぐも 凍雲

どんよりと くもった おもたそうな くも。さむざむと して いまにも ゆきが ふりだしそう。

ふゆの くれ 冬の暮れ

さむい ふゆの ゆうぐれ。ひが くれるのが はやいため、はやくから いえに あかりが ともって いる。

ふゆの ゆうやけ 冬の夕焼け

なつの ゆうやけに くらべて いろは あわく、ひは すぐ しずむ。

きょうは とても いい てんき。はれわたった あおい そらが どこまでも ひろがって いるよ。さむいけれど そとに あそびに いこう。

あらぼし 荒星

こがらし（↓122ページ）が ふきあれる
よるの ほし。
くっきりと かがやく。

ふゆぎんが 冬銀河

ふゆの よぞらに かかる
あまのがわ（↓70ページ）。
なつの あまのがわに くらべて
ほしの かずが すくないため、
ぼんやり みえる。

しもよ 霜夜

よるが ふけると さらに
さむさが きびしくなり、
しも（↓125ページ）が おりる。
ほしも つきも うつくしい。

ふゆの つき 冬の月
かんげつ 寒月

すみきった そらに うかぶ
つきは、はっと するほど
うつくしく みえる。

おうちのかたへ

冬は、空気中の水分が少なく、空気が澄んでいるため、「月冴ゆ（つきさゆ）」「星冴ゆ」とも言われるほど、月や星が夜空にくっきりと輝くように見えます。また、日が落ちるのが早く、夜が長いため、天体観測をするのにおすすめの時期です。寒いと、暖かい部屋から出るのがおっくうですが、暖かい格好をして外に出て空を見てみましょう。はっとするほどきれいな星や月が見られることがあります。

凍ったように静かに輝く月を表す「月氷る」、冬の星の「寒（かん）すばる」や「オリオン」、枯れ木の間から見える夜空の星「枯木星（かれきぼし）」も、冬の季語です。

ふゆの かぜ

きょうは とても つめたい
かぜが ふいているね。
じてんしゃを こいでも こいでも
なかなか まえに すすめないよ。

ふゆは、からだが ふるえるほどの
つよくて つめたい きたかぜが ふきわたります。

きたかぜ 北風

ふゆに きたから ふいてくる
つよい かぜ。
からだが いたいくらいに
つめたい。

からかぜ 空風

きたから ふく かわいた かぜ。
ひるまに いきおいよく ふく。
からっかぜとも いう。
かんとうちほうに おおい。

こがらし 木枯らし

ふゆの はじめごろに ふく
つよい かぜ。
きが かれてしまうほど
つよい かぜと いう いみ。

もがりぶえ 虎落笛

ものほしざおや かきねなどに、
つよい かぜが
あたったときに でる
ふえのような おと。
もがりとは たけで つくった
かきねや ものほしのこと。

ふゆなぎ 冬凪

ふゆの つよい かぜが いったんやみ、
うみが おだやかに なること。

すきまかぜ 隙間風

しょうじや との すきまから
はいってくる つめたい かぜ。

ふぶき 吹雪

はげしい かぜと いっしょに
ふる ゆきの こと。

ゆきしまき 雪しまき

ゆきの まじった
つよい かぜ。

かまいたち

うずを まく かぜが
とおりすぎたあと、からだに
きりきずが できること。
なぜ できるのか、
くわしくは わかって いない。
むかしは いたちの ような
ようかいの しわざと
しんじられて いた。

おうちのかたへ

冬に吹く、乾燥した冷たく強い風は、「風冴ゆ（かぜさゆ）」と表すように、寒さをより一層感じさせます。ここで紹介した以外にも、北の方の山から吹き下ろす冷たい「北下ろし」や、関東地方でよく言われる、乾燥した強風「空風」なども冬の季語です。

風を感じるのは外だけではありません。家や建物の中でも、窓から「木枯らし」に吹き飛ばされる落ち葉を見たり、「虎落笛（もがりぶえ）」などの音を聞いたり、障子や戸から吹き込む「隙間風」に当たったりすると、冬の風の寒さを実感します。

新年に初めて吹き、松の木をゆらす「初松籟（はつしょうらい）」は、正月のめでたい風です。

ふゆの あめ・こおり

きょうは あさから つめたい あめ。
すこし みぞれも まじっているよ。
あめが ゆきに かわったら
うれしいな。

しとしとと しずかに ふる ふゆの つめたい あめは、
からだも こころも こごえさせます。

ふゆの あめ 冬の雨
おとも なく しとしとと
ふる ふゆの つめたい あめ。
さびしい きもちに させる。

しぐれ 時雨
ふゆの はじめごろに、
ふったり やんだりする あめ。

はつしぐれ 初時雨
そのふゆの さいしょに
ふる しぐれ。

みぞれ
ゆきが まじった
つめたい あめ。
ふゆの はじめや
おわりに おおい。

あられ

くうきのなかの すいぶんが
ひえて ちいさな こおりの
つぶに なったもの。
そらから ぱらぱら ふってくる。

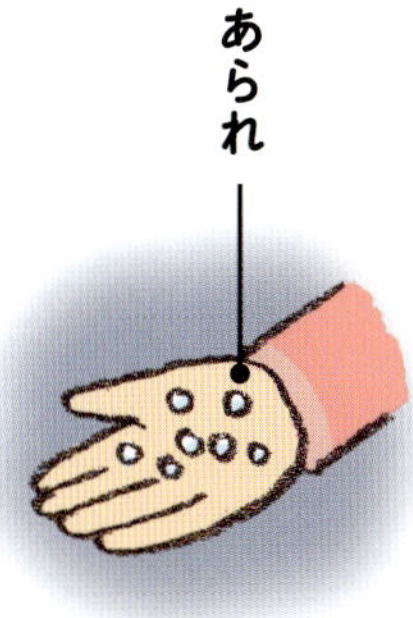

こおり 氷

みずが さむさで こおったもの。
つめたく、とうめいで
つるつるしている。

はつごおり 初氷

そのふゆの さいしょに はる こおり。
さむくなったことを
あらためて かんじる。

つらら

みずの つぶが たれさがって
はしらのように こおったもの。
やねの はしなどに できやすい。

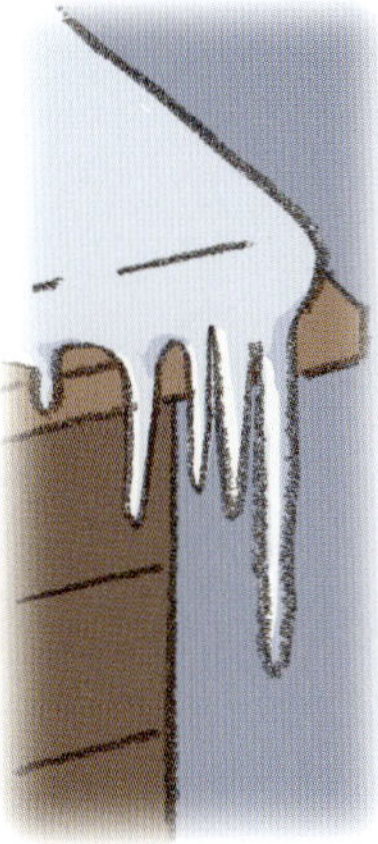

しも 霜

ふゆの あさ、はっぱなどに
しろく うっすら ついている こおり。
はれた かぜの ない よるに できる。
しもが おりると いう。

しもの はな 霜の花

はっぱに ついた しもが
はなのように みえること。

しもばしら 霜柱

つちのなかの みずが こおって
できた こおりの はしら。
じめんの つちを もちあげる。
ふむと さくさく おとが する。

おうちのかたへ

「時雨」は、春や秋の終わりにも見られ、それぞれ「春時雨」「秋時雨」と呼びますが、「時雨」だけだと冬の季語です。また、激しく降る「村時雨」、夜に降る「小夜時雨（さよしぐれ）」、ある場所では降っていて別の場所では晴れている現象を指す「片時雨」など、さまざまな時雨を表現する言葉があります。時雨に降られて色づいた草木の色は「時雨の色」と言います。

降った雨が氷に変わるなど、水のさまざまな姿が見られるのも冬の醍醐味です。気温が低い北の地方や標高の高いところでは、滝や湖が凍る様子や、空気中の霧が木の枝につき、凍ってできる「樹氷」など、幻想的な景色が見られます。

ゆきの ずかん

あさ おきると
ゆきが ふっていたよ。
ゆきだるまが つくれるくらい
つもると いいな。

ちらちらと しずかに ふる ゆきは
あたりを まっしろな うつくしい せかいへと かえて いきます。

かむりゆき 冠雪

ゆきが ふって やまや きの うえ、
さくなどに かぶさるように
つもった ゆきのこと。
わたぼうしとも いう。

ゆき 雪

こなゆき、 ぼたんゆきなど
ゆきの しゅるいは いろいろ あり、
ふゆの けしきを
うつくしく みせる。

はつゆき 初雪

そのふゆの さいしょに
ふる ゆき。

しんせつ 新雪

まだ だれにも ふまれていない
あたらしく ふりつもった
ゆき。

むつの はな 六つの花

ゆきの べつの よびかた。
ゆきの けっしょうが
ろっかくけいの
はなのような
かたちを しているので
このように よばれる。

こなゆき 粉雪

こなのように さらさらと
こまやかな ゆき。

わたゆき 綿雪

わたを ちぎったような
ふわふわした
おおきな ゆき。

ぼたんゆき ぼたん雪

ぼたんの はなびらのように
おおきな かたまりとなって
ふる ゆき。
しめっていて おもたい。

ゆきげしょう　雪化粧

のはらや やまに
ゆきが ふり、しろく
けしょうを したように
きれいな けしきに かわること。

しずりゆき　しずり雪

きの えだなどに つもった ゆきが
おちること。

ゆきあかり　雪明かり

ゆきが つもった ひの よる、
ゆきのために あたりが
ぼんやり あかるく みえること。

ざらめゆき　ざらめ雪

ざらめとうと いう
おおきな つぶの さとうのような
かたまりの ゆき。
ざらざらしている。

かざはな　風花

ゆきぐもが なく、はれた ひに
ひらひらと はなびらのように
ふる ゆき。
とおくで ふる ゆきが
かぜに とばされてくる。

おうちのかたへ

四季の代表的な美しい風物を「雪月花（せつげつか）」と言うように、春の花、秋の月と並んで、昔から雪は冬の美しい風物とされてきました。雪を表す言葉は、大きさや形を表すもの、積もった様子を表すものなどたくさんあります。また、花にたとえたり、綿にたとえたりと表し方も多様です。

ここで紹介した以外にも、餅のようにふわふわとした「餅雪」、米粒のような細かい「小米雪（こごめゆき）」などの季語もあります。雪の日には、自分ならこの雪を何にたとえて言うか、子どもと考えてみるのも楽しいでしょう。「雪女」や「雪坊主」のような伝説も、冬の季語となっています。

ふゆの はなと き

にわに まっかな つばきの はなが
さいていたよ。 みどりが すくない
さびしい ふゆの にわが、
すこしだけ あかるくなったよ。

くさや きは、 さむさに たえながら
うつくしい はなを さかせ、 みを つけます。

ふゆに はなが さく くさ

やつでの はな 八手の花

ふゆの はじめごろ、
しろい ちいさな はなが
あつまって さく。
はっぱが てのひらのように
みえる。

ふくじゅそう 福寿草

のやまに さく。
「ふくを まねく」と いう
めでたい はな。

つわの はな つわの花

つわぶきと いう くさの
はな。 はっぱには、 つやが
ある。

かだんの はな

かんぎく 寒菊

12がつから 1がつに
かけて、 きいろの はなを
さかせる。

クリスマスローズ

とても さむさに つよい。
クリスマスと いう なまえだが、
はなは 2がつごろに さく。

ふゆの くさ 冬の草

かれた くさの なかで、
げんきよく みどりいろの
はっぱを ひろげ、 ねを
はる くさ。

すいせん 水仙

かおりの よい
しろや きいろの
はなを さかせる。

はぼたん 葉ぼたん

ひらひらした はっぱが
ぼたんの はなに
にている。
はなは はるに さく。

はぼたんの はな

ふゆに はなが さくき

ひいらぎの はな
ひいらぎの花

しろくて
ちいさな はなは
かおりが よい。

ひいらぎの えだ

せつぶん（↓137ページ）の ひ、
ぎざぎざした はっぱを
つけた ひいらぎの えだに
いわしの あたまを さして
げんかんに おくと、
おにを おいはらうと
いわれている。

さざんか

あきの おわりから
ふゆに かけて
あかや ピンク、しろい
はなを さかせる。

かんつばき 寒つばき

まっかな はなを さかせる。
はなが さいたあと、
えだから はなが
ぽろっと おちる。

ろうばい

ろうそくの ろうのように
つやの ある はなを
さかせる。

そうばい 早梅

はやめに さいた
うめ（↓31ページ）のこと。
はやざきの うめを さがして
のやまに でかけることを
たんばいと いう。

ふゆに みが なるき

なんてんの み
南天の実

ふゆの はじめごろ、
あかい みを つける。
みは、せきを とめる
くすりに なる。

せんりょう 千両

あかい みは、えんぎが
よく、しょうがつの
かざりに つかわれる。

ふゆめ 冬芽

さむい ふゆを
こすために、
うろこのような
はっぱや
けなどに つつまれた
はなや はっぱの め。

おうちの かたへ

冬の寒い日に、外に散歩に出るのは気が進まないかもしれません。しかし、枯れた木が並ぶ景色の中で、冬の花が咲く姿を見つけたときの喜びはひとしおです。また、冬になると、赤い実をつけた木を多く見かけます。ここで紹介した「南天の実」や「千両」のほかに、「万両」も赤い実をつけます。いずれも正月の飾りに使われる、とても縁起のよい植物です。

冬の季語となっている木々の「冬芽」の形は多様ですが、葉が落ちた後に枝に残る葉痕（ようこん）もさまざまな模様をしています。なかには、動物の顔のような不思議な模様の葉痕もあるので、いろいろ観察してみるのも楽しい遊びです。

ふゆの いきもの

ふゆは くさや きが かれて
むしも あまり みかけないよね。
どうぶつや とりたちは、どうして
さむい ふゆを すごしているのかな。

どうぶつや とりたちは、さむくて たべものが すくない
ふゆを たくましく のりきります。

むし

ふゆの ちょう
冬のちょう

ふゆに みかける ちょうのこと。さむさに じっと たえて あまり うごかない。

うらぎんしじみ

わたむし
綿虫

あぶらむしの なかま。わたのようなものに つつまれていて、とぶ すがたは わたくずのように みえる。

とり

はくちょう
白鳥

ふゆ、にほんより さむい きたの くにから やってくる わたりどり（➡99ページ）。みずべに くらす。

かも

はくちょうと おなじ わたりどり。おすと めすは はねの いろや もようが ちがう。

おしどり

さむい ときは、むれを つくることが ある。

かんすずめ
寒すずめ

ふゆの すずめ。さむさに たえるために はねを ふくらませているので ふくらすずめとも いう。

うきねどり
浮寝鳥

ふゆ、とりたちが、いけや みずうみで ねむっている ようす。さむさに たえるため、くびを はねに かくして まるまっている。

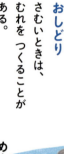

いろいろな どうぶつ

うさぎ
のやまに すむ うさぎは、
ゆきが ふる ふゆに なると、
ゆきの なかに まぎれるように
けの いろが ちゃいろから
まっしろに かわる。

たぬき
のやまに くらすが、
ひとの いえの ちかくまで
たべものを もとめて
やって くる。

きつね
こがねいろの けに
おおわれていて、ふさふさの
しっぽを もつ。

かんえん 寒猿
きびしい さむさに
たえる にほんざる。
ゆきが ふるなか、
からだを よせあい、
おんせんに はいる
すがたも みられる。

てん
いたちの なかま。
ねずみや むしなどを
つかまえて たべる。

くま 熊
きのぼりが とくい。
きのみを とったり、
かわで さかなを
とったりする。

くじら 鯨
ざとうくじらは、ふゆに
なると、こそだてのため、
にほんの ちかくの
あたたかい うみへ
やって くる。

とうみん 冬眠
くまや しまりすなどの どうぶつが、
たべものの すくない ふゆの あいだ、
ねむったように すごす こと。

しまりす

おうちのかたへ

「狩り」は冬の季語とされ、狩りで仕留められる「うさぎ」や「たぬき」のほか、「熊」なども冬の季語とされています。

冬は気温が低く餌も少なくなるため、冬眠する動物たちもいます。「熊穴に入る（いる）」という季語もあるように、熊は雪解けの頃まで、木の穴や洞窟などに入り、寝て過ごします。かえるなどのように完全に眠るわけではなく、寝たり起きたりを繰り返しながら雪解けを待ちます。

すずめは、それだけでは季語にはなりませんが、冬の季語「寒すずめ」のほか、春の季語の「すずめの子」、秋の季語の「稲すずめ」など、さまざまな季節の言葉の素材となっています。

ふゆの たべもの

さむい ふゆは、えいようを たくわえた やさいや さかなが おいしくなる きせつです。

きょうは よせなべ。やさいと おにくを たっぷり たべて、からだが ぽかぽか あたたかくなったよ。

はくさい 白菜

ふゆの なべりょうりには かかせない やさい。なまだと しゃきしゃきしているが にこむと とろりと やわらかい。

よせなべ

ねぎ

ふゆは、ねもとが しろい ねぶかねぎが あまくなり、おいしい。たべると かぜに かかりにくいと いわれている。

ねぶかねぎ

だいこん 大根

にものに したり、おでんに いれたりする。からだを あたためる やさい。

おでん

みかん

あまずっぱくて みずみずしい。からだに よい えいようが たっぷり はいっている。

もち 餅

もちごめを むしたものを ねばりけが でるまで ついたもの。やいて たべても おいしい。

もちつき 餅つき

うすと きねを つかって つく。しょうがつ（↓136ページ）に そなえて、としの おわりに つくことが おおい。

はるの ななくさ 春の七草

7つの くさを おかゆに いれた ななくさがゆは、1がつ なのかに けんこうを ねがって たべられます。

せり（➡36ページ）

ごぎょう（➡31ページ）

ほとけのざ（たびらこ）

なずな（➡30ページ）

はこべら（はこべ）（➡30ページ）

すずな（かぶ）

すずしろ（だいこん）

ずわいがに

にほんかいがわで とれる かに。かにみそも おいしい。ほくりくちほうでは えちぜんがに、さんいんちほうでは まつばがにと よばれる。

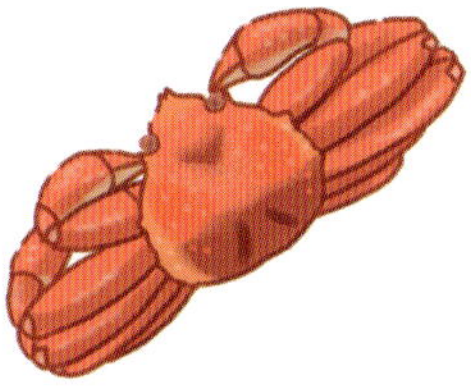

かにみそ

ぶり

ふゆの ぶりは かんぶりと いい、ほかの きせつより あぶらが のっていて おいしい。

まぐろ

あたまや め、しっぽ、ないぞうなど いろいろな ところが たべられ、すてる ところが ないと いわれる。

てっかまき

ふぐ

まるい からだを している。どくが ある ところを とりのぞいて たべる。

おうちのかたへ

旬の野菜や魚のほかに、料理の名称も冬の季語となっています。ここで紹介した以外にも、鍋にさまざまな具材を入れて楽しめる「鍋焼きうどん」や「すき焼き」「雑炊」なども冬の季語です。また、年中食べられる豆腐は、食べ方によって季語として表す季節が変わります。涼しい「冷や奴」は夏、新しくとれた大豆で作った「新豆腐」は秋、「湯豆腐」は冬の季語です。

春の七草の葉を刻んで入れた「七草がゆ」は新年の季語で、昔から無病息災を祈って1月7日に食べられてきました。七草がゆは、正月におせちなどのごちそうをたくさん食べて疲れた胃腸を休ませてくれる、体に優しい料理でもあります。

ふゆの ぎょうじと くらし①

もうすぐ クリスマス。
きょう ツリーを かざったよ。
サンタクロースは どんな
プレゼントを くれるのかな。

クリスマスが ちかづくと、いえや まちが かざりつけされて にぎやかに なります。

クリスマスイブ
せいや　聖夜
クリスマスの まえの ひ。サンタクロースが プレゼントを とどけに やってくると いわれている。

クリスマス
イエス・キリストの たんじょうを いわう キリストきょうの まつり。かぞくで そろって おいわいする。

サンタクロース
クリスマスイブに こどもたちの もとへ プレゼントを もってくると いわれている。

クリスマスツリー
せいじゅ　聖樹
クリスマスに かざりつけを する き。もみのきを つかうことが おおい。

いちねんの おわりには、いえを ていねいに そうじしたり
ねんがじょうを かいたりして、
あたらしい としを むかえる じゅんびを します。

としのくれ 年の暮れ
さいまつ 歳末
としのせ 年の瀬
1ねんの おわりごろ。

おおそうじ 大掃除
ふだん しない ところまで
とくに ていねいに する そうじ。
1ねんの よごれを おとす。

がじょう かく 賀状書く
ともだちや おせわに なった
ひとたちへ、しんねんの
あいさつの はがきを かいて、
1がつ ついたちに
つくように だす。

おおみそか 大晦日
いちねんの さいご、
12がつ 31にちの こと。
じょやの かねを きいたり、
としこしそばを たべたりする。

ゆく とし 行く年
おわろうと している 1ねん。
ふりかえってみると
いろいろなことが
おもいだされる。

じょやの かね 除夜の鐘
おおみそかの よる、
にんげんの 108この なやみや
くるしみを とりはらうため、
てらで 108かい つく かねのこと。

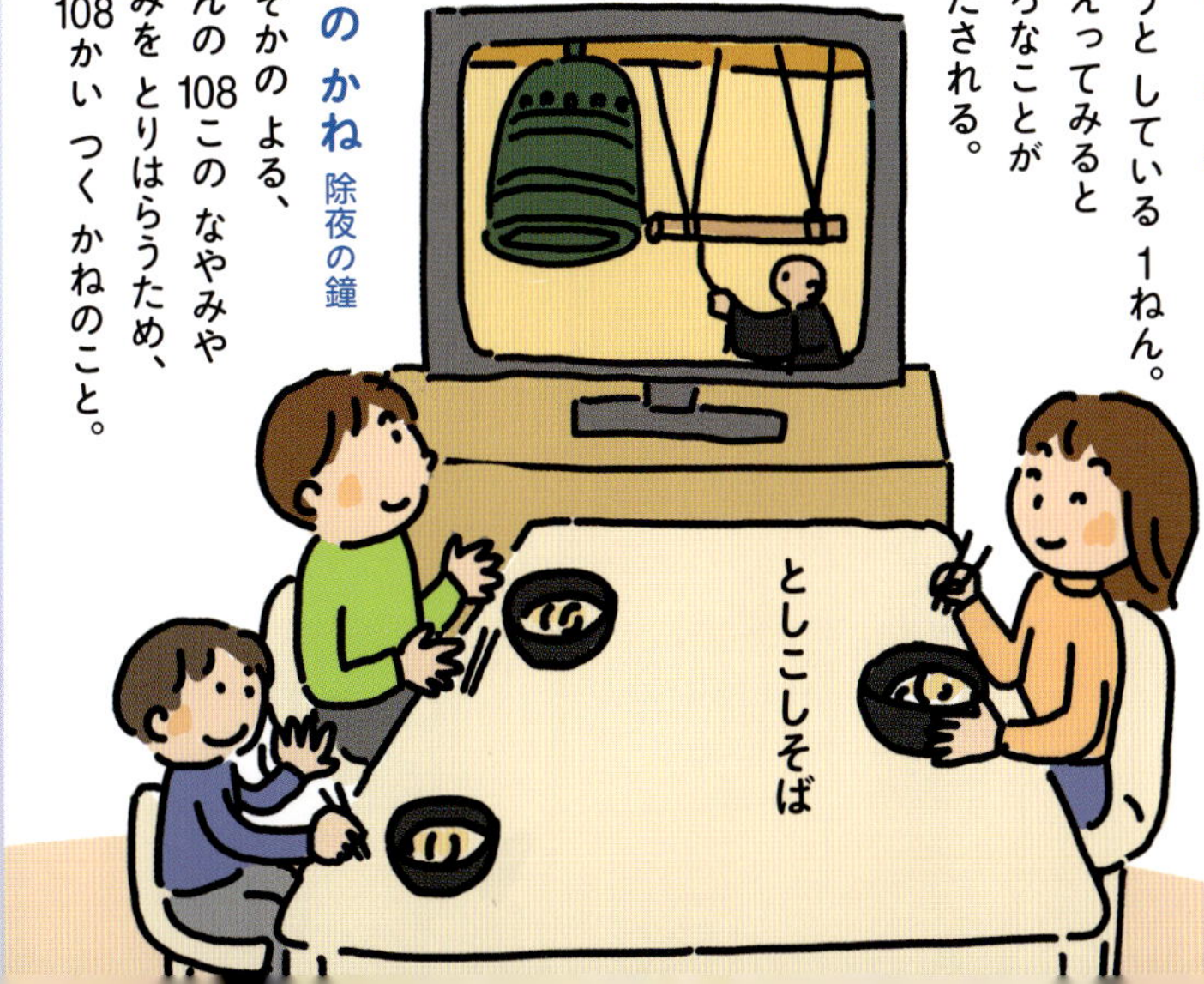

おうちのかたへ

子どもたちの大好きなクリスマスに関する季語もたくさんあります。なじみのある言葉のほかにも、クリスマスイブのことを「聖夜」、クリスマスツリーのことを「聖樹」と言うことなど、別の名称を教えてあげてもよいでしょう。

年末には「年用意（としようい）」と言って、新しい年を迎える準備をします。掃除や新年の飾りの用意、料理の準備などのほか、「賀状書く」や「日記買う」も年用意の一つです。慌ただしい時期ですが、家では家族と一緒に、1年を振り返り、新年の抱負を話し合ってみましょう。年末の大掃除は「すす払い」と言って、これも新しい年への準備の一つです。

ふゆの ぎょうじと くらし②

1がつ ついたちは あたらしい としの はじまりです。
いちねんの しあわせを ねがって おいわいを します。

しょうがつ 正月
1ねんの はじまり。げんかんに しめかざりを つけたり、かどまつを たてたりして、そのとしの かみさまを むかえる。

しんしゅん 新春
あたらしい としを むかえた よろこびを あらわした ことば。

おせち お節
めでたい たべものを つめあわせた、しょうがつを いわう りょうり。

かがみもち 鏡餅
かみさまに そなえる もち。

おとしだま お年玉
しんねんを いわって こどもたちに おくられる おかねや もの。

きょうから おしょうがつ。
かぞくで たこあげを したよ。
おとしだまも もらって うれしいな。

がんたん 元旦
としの はじめの ひの あさ。

はつひので 初日の出
がんたんの ひのでのこと。

はつゆめ 初夢
そのとし さいしょに みる ゆめ。ふじさん、たか、なすの ゆめを みると いいことが あると いう。

はつもうで 初詣
そのとし さいしょに じんじゃや てらに おまいりして しあわせを ねがうこと。

おしょうがつは かぞくで たのしめる あそびが ふるくから たくさん つたわって います。

たこあげ

たこを かぜに のせて そらに たかく あげる。

こま

ゆびで まわしたり ひもを まいて まわしたりする。

はねつき 羽根つき

はごいたと いう いたで、はねを おとさないように うちあう。

かるた

よみあげられた ことばに あう えふだを とって あそぶ。

せつぶん 節分

りっしゅん （↓16ページ） の まえの ひ、2がつ みっかに まめまきを して おにを おいはらう。

おうちのかたへ

この本では、冬の言葉として紹介していますが、「正月」や「新春」などは俳句では新年の季語とされ、おめでたい言葉がたくさんあります。ここで紹介した以外にも、新年に初めて笑う「初笑い」や、初めて電話で話す「初電話」、元旦のすずめを指す「初すずめ」などがあり、普段何気ないことでも、新年にはめでたく感じられます。また、正月三が日に降る雨や雪のことは「御降り（おさがり）」と呼び、神様からの恵みの雨とされます。

正月に食べる「お節」には、さまざまな願いが込められています。子どもにとって、なじみのない料理でも、その意味を教えてあげると、楽しみながら食べることができるでしょう。

ふゆの ぎょうじと くらし③

ゆきだるまを つくったら てが つめたくなっちゃった。はやく こたつや ストーブで あたたまりたいな。

ふゆの くらしには、さむさを しのぎ、あたたかく すごす いろいろな くふうが あります。

こたつ
うちがわに ヒーターを とりつけた つくえのような きの わくに ふとんを かけて、からだを あたためるもの。

ひなたぼっこ 日向ぼっこ
さむいときに、ひなたで あたたまること。

みかん （→132ページ）

ストーブ
せきゆや ガスなどを つかって、へやを あたためるもの。

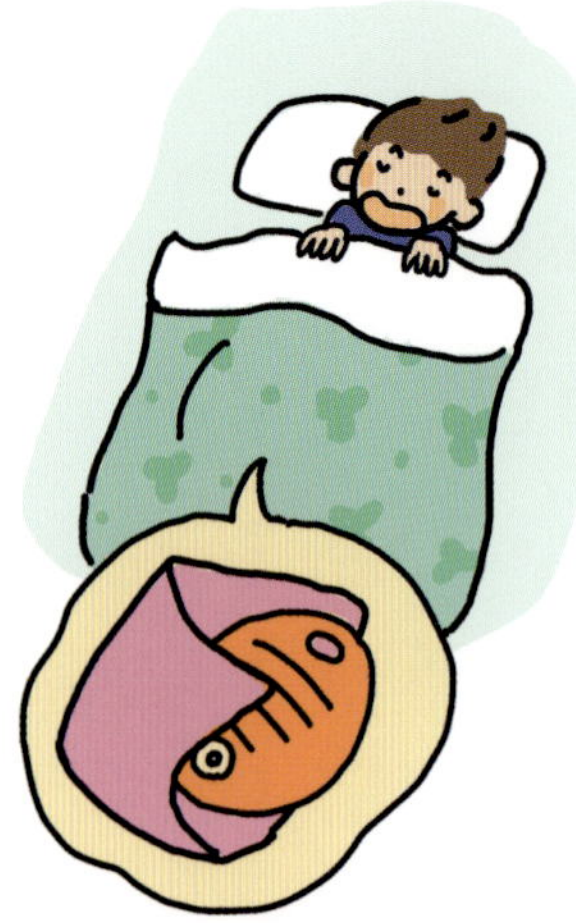

ゆたんぽ 湯たんぽ
なかに おゆを いれて、あしなどを あたためる どうぐ。ぬので つつんで、ねるときに ふとんに いれて つかう。

ゆずゆ ゆず湯
とうじ （→115ページ） の ひに、ゆずと いう くだものを いれて わかした ふろ。このふろに はいると、びょうきに なりにくいと いわれている。

ゆきを つかった あそびは、ふゆの きせつだけの たのしみです。

スキー
あしに ほそながい いたを つけて、ゆきの うえを すべる。

ゆきあそび 雪遊び
まっしろな いきを はきながら、げんきに ゆきのなかで あそぶ。

ゆきがっせん 雪合戦
まるめた ゆきの たまを なげあう あそび。

かまくら
ひとが はいれる ゆきで つくった いえのようなもの。

マフラー
くびに まき、さむさから からだを まもる。あたたかい けいとなどで つくられている。

ゆきだるま 雪だるま
ゆきで つくった だるま。ゆきだまを ころがし、おおきくして ふたつ かさねて つくる。

てぶくろ 手袋
さむさから てを まもる。けいとや かわなどで つくられている。

スケート
きんぞくの はが ついた くつを はいて、こおりの うえを すべる。

おうちのかたへ

冬は寒い季節と言うこともあり、体を温めるさまざまなものが冬の季語になっています。体を外から温める「こたつ」や「ストーブ」のほか、万病を防ぐと言われるゆずをお風呂に浮かべる「ゆず湯」や、熱い湯におろしたしょうがを入れて飲む「しょうが湯」も冬の季語で、いずれも内から体を温めます。

寒い外では、服装にも気をつけましょう。冬の必需品の「コート」や、毛糸でできた「セーター」「手袋」も冬の季語です。「かまくら」は新年の季語で、もともと秋田県で2月15日に行われる、神様をまつる雪洞をつくる行事を指しますが、ここでは、冬の遊びの一つとして紹介しています。

ふゆの おわり

がっこうへ いく とちゅうに
たんぽぽや なずなを みつけたよ。
まだまだ さむいけれど、
もうすぐ はるが くるのかな。

あたたかくなったり、さむくなったりを くりかえしながら
すこしずつ ふゆから はるへと うつりかわっていきます。

ふゆ ふかし 冬深し
1がつから 2がつに かけて
ふゆの さむさが もっとも
つよい じき。

ゆきおろし

はるを まつ 春を待つ
きびしい さむさが すぎる ころ、
はるが やってくるのを
たのしみに まつ きもち。

かんの あめ 寒の雨
かんの いり（↓116ページ）から
りっしゅん（↓16ページ）の
あいだに ふる あめ。
ゆきが まじることも ある。

ゆきかき 雪かき
シャベルなどで、つもった
ゆきを かきわけること。
また、やねの ゆきを おろすのは、
ゆきおろしと いう。

ひあし のぶ 日脚伸ぶ

ひるまの じかんが すこしずつ
ながくなってきて、
ふゆの おわりを かんじる。

さんかんしおん 三寒四温

さむい ひが みっか つづくと、
そのあとの よっかは
あたたかい ひが つづくと いうこと。
ふゆの おわりごろの
きおんの へんかを あらわす。

ふとん 布団

あたたかい ひの ひかりに
あてて ほした ふとんは、
よる、ねるときに からだを
あたたかく つつんでくれる。

そうばい
（↓129ページ）

ふゆ つく 冬尽く

ふゆの おわり。ながく
きびしい ふゆが
おわったことに
よろこびを かんじる。

はる ちかし 春近し
はる となり 春隣

さむさが やわらぎ、
はるが もう そこまで
きている かんじ。

はこべ
（↓30ページ）

たんぽぽ
（↓30ページ）

なずな
（↓30ページ）

おうちのかたへ

「冬至（↓115ページ）」を過ぎると、だんだんと日が長くなってきます。寒さも少しずつ弱まっていき、「春を待つ」や「春近し」と言う冬の季語があるように、暖かな春が来るのが待ち遠しく思われます。しかし、冬を振り返ってみると、クリスマスや正月など楽しい行事もたくさんあり、「冬惜しむ」と言うように、冬が終わることへの寂しさも出てきます。

季節の変わり目は体調を崩しがちですが、冬と春のどちらの季節も味わえる貴重な時期でもあります。残されたわずかな冬の名残を惜しみながらも、新たに始まる季節をわくわくと待ち、季節の移り変わりを楽しんでみましょう。

ふゆを よんだ うた

おの いれて かに おどろくや ふゆこだち

斧入れて香におどろくや冬木立（与謝《よさ》蕪村《ぶそん》）

きご ふゆこだち （→117ページ）

はいくの いみ

ふゆの かれた きだと
おもって おのを うちこむと、
きの かおりが してきて、
おどろいたよ。
かれきも いきて いるんだね。

おおなべに にくずれ あまき かぶらかな

大鍋に煮くづれ甘きかぶらかな（河東碧梧桐《かわひがしへきごとう》）

きご かぶ （→133ページ）

はいくの いみ

おおきな なべの なかに
にて かたちが くずれた
やわらかい かぶが ある。
あまくて おいしそうだなあ。

ゆきの あさ にのじ にのじの げたの あと

雪の朝二の字二の字の下駄の跡（田捨女《でんすてじょ》）

きご ゆき （→126ページ）

はいくの いみ

ゆきの ふる あさに
そとに でてみると、
かんじの にの じの かたちに
げたの あとが
のこっている。

かるた とる みな うつくしく まけまじく

加留多とる皆美しく負けまじく（高浜虚子《たかはまきょし》）

きご かるた （→137ページ）

はいくの いみ

かるたで あそぶ ひとたち、
おしょうがつで きかざって
きれいだなあ。
まけたくないと いう
すがたも うつくしい。

はいくを　つくってみよう

みの まわりに ある きごを つかって、はいくを つくってみましょう。

1 なにに ついて よむのか、テーマを きめる。（なつやすみの おもいで、がっこうの やすみじかんなど）

2 きごを えらぶ。きごを きめる ところから はじめても よい。

3 5・7・5の リズムに なるように ととのえる。

れい

くさのなか　いちばん のっぽ　たちあおい

きご　たちあおい（なつの きご ↓64ページ）

はいくの いみ　なつの ひ、あおあおと した くさむらのなかで、いちばん せの たかい たちあおいが きれいに はなを さかせていたよ。

おうちの ひとや ともだちの まえで、じぶんで つくった はいくを よんでみよう。

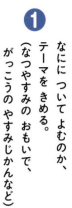

にじゅうしせっきと ぎょうじ

こよみとは、じかんの ながれを ねん、つき、しゅう、ひなどに くぎった カレンダーの ことです。
こよみの うえで きせつを しる めやすと なる にじゅうしせっき（➡11ページ）の ことばと、このほんで あつかった いろいろな 1ねんかんの ぎょうじを まとめました。

はる

にじゅうしせっき 二十四節気

2がつ

2がつ よっかごろ　りっしゅん 立春（➡16ページ）

2がつ 19にちごろ　うすい 雨水（➡17ページ）

3がつ

3がつ むいかごろ　けいちつ 啓蟄（➡18ページ）

3がつ 21にちごろ　しゅんぶん 春分（➡19ページ）

きせつを あらわす ことばや おもな ぎょうじ

3がつ みっか　ひなまつり ひな祭り（➡38ページ）

3がつ 18にちから にじゅうよっかごろ　はるひがん 春彼岸

3がつの おわりごろ　そつぎょうしき 卒業式（➡40ページ）　そつえんしき 卒園式（➡40ページ）

なつ

4がつ

4がつ いつかごろ
せいめい 清明 (➡21ページ)

4がつ はつかごろ
こくう 穀雨 (➡44ページ)

5がつ

5がつ むいかごろ
りっか 立夏 (➡48ページ)

5がつ21にちごろ
しょうまん 小満 (➡49ページ)

6がつ

6がつ いつかごろ
ぼうしゅ 芒種 (➡50ページ)

6がつ22にちごろ
げし 夏至 (➡51ページ)

7がつ

7がつ なのかごろ
しょうしょ 小暑 (➡52ページ)

7がつ23にちごろ
たいしょ 大暑 (➡53ページ)

4がつの はじめごろ
にゅうがくしき 入学式 (➡40ページ)
にゅうえんしき 入園式 (➡40ページ)

りっしゅんから88にちめ
はちじゅうはちや 八十八夜 (➡45ページ)

5がつ いつか
たんごの せっく 端午の節句 (➡39ページ)

6がつ 11にちごろ
にゅうばい 入梅 (➡62ページ)

7がつ なのか
たなばた 七夕 (➡70ページ)

あき

ふゆ

8がつ

8がつ ようかごろ
りっしゅう 立秋 （➡80ページ）

8がつ 23にちごろ
しょしょ 処暑 （➡81ページ）

9がつ

9がつ なのかごろ
はくろ 白露 （➡82ページ）

9がつ 23にちごろ
しゅうぶん 秋分 （➡83ページ）

10がつ

10がつ ようかごろ
かんろ 寒露 （➡84ページ）

10がつ にじゅうよっかごろ
そうこう 霜降 （➡85ページ）

11がつ

11がつ ようかごろ
りっとう 立冬 （➡112ページ）

りっしゅうの まえ 18にちかん

どよう 土用

りっか、りっしゅう、りっとう、りっしゅんの まえの それぞれ 18にちかんのことだが、ふつうは なつの「どよう」のことを さす。1ねんじゅうで いちばん あつい じき。

8がつ 13にちから 15にちごろ

ぼん 盆 （➡74ページ）※1

※1 ぼんは、にじゅうしせっきでは あきの ぎょうじだが、74ページでは いまの きせつに あわせ、なつの ぎょうじと して しょうかいしている。

9がつ はつかから 9がつ 26にちごろ

あきひがん 秋彼岸 （➡104ページ）

11がつ 15にち

しちごさん 七五三 （➡105ページ）※2

※2 しちごさんは、にじゅうしせっきでは ふゆの ぎょうじだが、105ページでは いまの きせつに あわせ、あきの ぎょうじと して しょうかいしている。

11がつ 23にちごろ
しょうせつ 小雪 （→113ページ）

12がつ

12がつ ようかごろ
たいせつ 大雪 （→114ページ）

12がつ 22にちごろ
とうじ 冬至 （→115ページ）

1がつ

1がつ むいかごろ
しょうかん 小寒 （→116ページ）

1がつ はつかごろ
だいかん 大寒 （→117ページ）

12がつ 25にち
クリスマス （→134ページ）

12がつ 31にち
おおみそか 大晦日 （→135ページ）

1がつ ついたちから みっか
しょうがつ 正月 （→136ページ）

2がつ みっか
せつぶん 節分 （→137ページ）

いまの こよみと むかしの こよみ

いまの こよみは、たいようの うごきを もとに 1ねんの ながさを きめているため、こよみと きせつが ずれることが ありません。
でも、むかしの こよみは つきの みちかけで ひとつきの ながさを きめていたため、いまの こよみより 1かげつ いじょう、はやく すすんでいました。

おしょうがつのことを、「はつはる」「しんしゅん」と いうように、はると いう ことばが あるのは、むかしの こよみでの しょうがつが いまの こよみの 2がつに あたるため。

ひなにんぎょう・ひな人形 …… 38
ひなまつり・ひな祭り …… 38 144
ひばり …… 19 26 34
ひばりごち・ひばり東風 …… 26
ひまわり …… 64 77
ひもかがみ・氷面鏡 …… 116
ひやけ・日焼け …… 73
ヒヤシンス …… 30
ひややっこ・冷奴 …… 69
ひるね・昼寝 …… 75

ふ

ふうりん・風鈴 …… 59 75
ふきながし …… 39
ふきのとう …… 17 36
ふきのとうの てんぷら …… 36
ふぐ …… 133
ふくじゅそう・福寿草 …… 128
ふじ・藤 …… 31
ふじさん …… 93
ふじの はつゆき・富士の初雪 …… 93
ふじばかま …… 94
ぶどう …… 101
ふとん・布団 …… 141
ふぶき・吹雪 …… 123
ふゆ あたたか・冬暖か …… 119
ふゆ ちかし・冬近し …… 109
ふゆ つく・冬尽く …… 141
ふゆ となり・冬隣 …… 109
ふゆ ふかし・冬深し …… 140
ふゆぎんが・冬銀河 …… 121
ふゆこだち・冬木立 …… 117 142
ふゆざれ・冬ざれ …… 117
ふゆしょうぐん・冬将軍 …… 118
ふゆた・冬田 …… 113
ふゆなぎ・冬凪 …… 122
ふゆの あめ・冬の雨 …… 124
ふゆの きり・冬の霧 …… 119
ふゆの くさ・冬の草 …… 128
ふゆの くれ・冬の暮れ …… 120
ふゆの ちょう・冬のちょう …… 130
ふゆの つき・冬の月 …… 121
ふゆの ひ・冬の日 …… 117
ふゆの みず・冬の水 …… 115
ふゆの ゆうやけ・冬の夕焼け …… 120
ふゆの らい・冬の雷 …… 119
ふゆばれ・冬晴れ …… 120
ふゆひでり・冬ひでり …… 119
ふゆびより・冬日和 …… 120
ふゆめ・冬芽 …… 129
ぶらんこ …… 43
ぶり …… 133
ぶんかの ひ・文化の日 …… 105

へ

へび・蛇 …… 53 67
へび きぬを ぬぐ・蛇衣を脱ぐ …… 67
ぺんぺんぐさ …… 30

ほ

ぼうしゅ・芒種 …… 50 145
ほうねん・豊年 …… 106
ほし …… 25 70 103 121
ほしあい・星合い …… 70
ほしづきよ・星月夜 …… 103
ほしの こい・星の恋 …… 70
ほたる・蛍 …… 66
ほたるがり・蛍狩り …… 66
ぼたんゆき・ぼたん雪 …… 126
ほとけのざ(たびらこ) …… 133
ほととぎす …… 67 78
ぼん・盆 …… 74 146

ま

まいたけ …… 100
まぐろ …… 133
まごい …… 39
まつたけ …… 100
まつむし・松虫 …… 98
まつり …… 74 104
まなつび・真夏日 …… 54
マフラー …… 139
まめめいげつ・豆名月 …… 103
まんげつ・満月 …… 103

み

みかづき・三日月 …… 103
みかん …… 132 138
みくさ おう・水草生う …… 19
みじかよ・短夜 …… 57
みず かる・水涸る …… 115
みず すむ・水澄む …… 84
みず ぬるむ・水温む …… 18
みずあそび・水遊び …… 73
みずぎ …… 73
みずでっぽう・水鉄砲 …… 73
みぞれ …… 124
みつばち・蜜蜂 …… 20 34
みに しむ・身にしむ …… 86
みのむし …… 98 109

む

むくげ …… 95
むくどり …… 85 99
むし …… 34 66 98 130
むしかご …… 72
むししぐれ・虫時雨 …… 98
むしとりあみ …… 72
むつの はな・六つの花 …… 126

め

めいげつ・名月 …… 102
めびな …… 38
めぶく・芽吹く …… 19

も

もうしょ・猛暑 …… 54
もうしょび・猛暑日 …… 54
もがりぶえ・虎落笛 …… 122
もず …… 83 99
もち・餅 …… 132
もちつき・餅つき …… 132
もみじ かつ ちる・紅葉かつ散る …… 96
もみじ・紅葉 …… 96
もみじがり・紅葉狩り …… 96
ももの はな …… 38
もんしろちょう …… 20 34

や

やきいも …… 100
やきとうもろこし …… 68 74
やきなす …… 68
やく・灼く …… 55
やぐるま …… 39
やつでの はな・八手の花 …… 128
やどかり …… 35
やま …… 19 72 84 114
やま ねむる・山眠る …… 114
やま よそおう・山装う …… 84
やま わらう・山笑う …… 19 46
やまあそび・山遊び …… 43
やまざくら・山桜 …… 33
やまぶき・山吹 …… 31 45

ゆ

ゆうごち・夕東風 …… 26
ゆうすずみ・夕涼み …… 77
ゆうだち・夕立 …… 61
ゆうなぎ・夕凪 …… 59
ゆうやけ・夕焼け …… 57
ゆうやけぐも・夕焼け雲 …… 57
ゆかた・浴衣 …… 74
ゆき・雪 …… 12 17 18 23 30 126 139 142
ゆきあかり・雪明かり …… 127
ゆきあそび・雪遊び …… 139
ゆきおこし・雪起こし …… 119
ゆきおろし …… 140
ゆきかき・雪かき …… 140
ゆきがっせん・雪合戦 …… 139
ゆきげしょう・雪化粧 …… 127
ゆきしまき・雪しまき …… 123
ゆきだるま・雪だるま …… 139
ゆきどけ・雪解け …… 18
ゆきばれ・雪晴れ …… 120
ゆく あき・行く秋 …… 108
ゆくとし・行く年 …… 135
ゆく はる・行く春 …… 44
ゆずの み …… 112
ゆずゆ・ゆず湯 …… 138
ゆたんぽ・湯たんぽ …… 138
ゆみはりづき・弓張月 …… 103
ゆり・百合 …… 64

よ

よかん・余寒 …… 22
よざくら・夜桜 …… 33
よさむ・夜寒 …… 86
よせなべ …… 132
よなが・夜長 …… 89
よみせ・夜店 …… 74
よもぎ …… 36
よもぎもち …… 36
よるの あき・夜の秋 …… 77

ら

らいう・雷雨 …… 61

り

りっか・立夏 …… 10 48 145
りっしゅう・立秋 …… 11 71 80 90 146
りっしゅん・立春 …… 10 16 22 26 45 137 140 144
りっとう・立冬 …… 11 112 146
りょうふう・涼風 …… 59
りょくいん・緑陰 …… 50 59

れ

れいう・冷雨 …… 93
れんげ …… 20 31
れんげそう …… 31

ろ

ろうばい …… 129

わ

わかくさ・若草 …… 20
わかば・若葉 …… 48
わかれじも・別れ霜 …… 45
わたぼうし …… 126
わたむし・綿虫 …… 130
わたゆき・綿雪 …… 126
わたりどり・渡り鳥 …… 24 34 67 99 130
わらび …… 36

つ

- つき・月 25 89 102 110 121
- つき すずし・月涼し 57
- つきみ・月見 89 102
- つきみだんご 102
- つきよ・月夜 102
- つくし 31
- つばめ 21 34
- つぼやき 37
- つみくさ・摘草 31
- つめたし・冷たし 118
- つゆ・梅雨 50 60 62 67 92
- つゆ・露 87 94 109
- つゆあけ・梅雨明け 63
- つゆくさ・露草 80 94
- つゆぐもり・梅雨曇り 62
- つゆさむ・露寒 109
- つゆざむ・梅雨寒 63
- つゆしぐれ・露時雨 87
- つゆしも・露霜 87
- つゆぞら・梅雨空 63
- つらら 116 125
- つるべおとし・釣瓶落とし 89
- つわの はな・つわの花 113 128

て

- てっかまき 133
- てぶくろ・手袋 139
- てりは・照葉 97
- てん 131
- てんき 22 54 86 118
- てん たかし・天高し 88
- テント 72

と

- とうじ・冬至 115 138 147
- どうぶつ 35 67 99 131
- とうみん・冬眠 131
- とうもろこし 68
- とおりあめ・通り雨 60
- とかげ 48 67
- どくしょの あき・読書の秋 105
- どくだみ 50 64
- とざん・登山 72
- としこしそば 135
- としの くれ・年の暮れ 135
- としの せ・年の瀬 135
- とちの み・とちの実 95
- トマト 68
- どよう・土用 53 146
- どようなみ・土用波 53
- とらがあめ・虎が雨 61
- とり 34 67 99 130
- とり かえる・鳥帰る 34
- とりぐもり・鳥曇り 24
- どんぐり 95 109
- とんぼ 84 98

な

- なし・梨 101
- なす 68
- なずな 18 30 133 141
- なたね 30
- なたねづゆ・菜種梅雨 29 30
- なつ ちかし・夏近し 45
- なつ ふかし・夏深し 76
- なつ ゆく・夏行く 77
- なつくさ・夏草 51
- なつぐも・夏雲 56
- なつこだち・夏木立 51
- なつの あめ・夏の雨 60
- なつの そら・夏の空 56
- なつの つき・夏の月 57
- なつの はて・夏の果て 77
- なつの ひ・夏の日 53
- なつの やま・夏の山 51
- なつの よい・夏の宵 57
- なつび・夏日 54
- なつまつり・夏祭り 74
- なつめく・夏めく 49
- なつやすみ・夏休み 72
- なでしこ 94
- ななくさがゆ 133
- なのはな・菜の花 14 29 30
- なわしろ・苗代 44
- なんてんの み・南天の実 129
- なんぷう・南風 58

に

- にじ・虹 29 56
- にしび・西日 57
- にじゅうしせっき 11 16 18 21 44 48 50 52 80 82 84 112 114 116 144
- にゅうえんしき・入園式 40 145
- にゅうがくしき・入学式 40 145
- にゅうどうぐも・入道雲 12 53 56
- にゅうばい・入梅 62 145
- にわぜきしょう 48 64

ね

- ねぎ 132
- ねこの こい・猫の恋 35
- ねったいや・熱帯夜 55
- ねっぷう・熱風 58
- ねぶかねぎ 132

の

- のあそび・野遊び 21
- のちの つき・後の月 103
- のどか 21
- のやまの にしき・野山の錦 97
- のわき・野分 90

は

- はいく 13 14 46 78 110 142
- はぎ 94
- はくさい・白菜 132
- はくしゅうう・白驟雨 93
- はくしょ・薄暑 48
- はくちょう・白鳥 99 130
- はくろ・白露 82 146
- はこべ（はこべら） 17 30 133 141
- はざくら・葉桜 49
- はしい・端居 76
- はしりづゆ・走り梅雨 62
- はす 65
- はすみ・はす見 65
- はだかぎ・裸木 117
- はださむ・肌寒 86
- はだし・裸足 76
- はちじゅうはちや・八十八夜 45 145
- はつあき・初秋 80
- はつあらし・初嵐 90
- はつがつお・初がつお 69 78
- はつごおり・初氷 125
- はつざくら・初桜 32
- はつしぐれ・初時雨 124
- ばった 83 98
- はつちょう・初ちょう 34
- はつひので・初日の出 136
- はつふゆ・初冬 112
- はつもうで・初詣 136
- はつもみじ・初紅葉 96
- はつゆき・初雪 126
- はつゆめ・初夢 136
- はな 30 64 94 128
- はなあらし・花嵐 27
- はないかだ・花いかだ 33
- はなぐもり・花曇り 24
- はなざかり・花盛り 32
- はなつみ・花摘み 21
- はなの あめ・花の雨 28
- はなの・花野 82
- はなのかぜ・花野風 91
- はなは はに・花は葉に 32
- はなび・花火 74
- はなびえ・花冷え 22
- はなふぶき・花吹雪 27 32
- はなみ・花見 32
- はなみだんご 32
- はなむしろ・花むしろ 32
- はねつき・羽根つき 137
- ははこぐさ 31
- ははの ひ・母の日 39
- はぼたん・葉ぼたん 128
- はまぐり 37
- はまぐりの すいもの 38
- はまなす 65
- はやにえ 99
- ばら 49 65
- はる あさし・春浅し 17
- はる おしむ・春惜しむ 44
- はる きたる・春来る 16
- はる さむし・春寒し 16
- はる たつ・春立つ 16
- はる ちかし・春近し 141
- はる となり・春隣 141
- はるひがん・春彼岸 144
- はる ふかし・春深し 44
- はるいちばん・春一番 26
- はるかぜ・春風 26
- はるキャベツ・春キャベツ 36
- はるごたつ・春ごたつ 41
- はるさめ・春雨 28
- はるしぐれ・春時雨 28
- はるの ストーブ・春のストーブ 41
- はるた・春田 20
- はる たけなわ・春たけなわ 20
- はるの あさ・春の朝 18
- はるの うみ・春の海 42
- はるの かぜ・春の風邪 41
- はるの かわ・春の川 18
- はるの くも・春の雲 24
- はるの そら・春の空 24
- はるの つき・春の月 25
- はるの ななくさ・春の七草 30 36 133
- はるの なみ・春の波 42
- はるの にじ・春の虹 29
- はるの ふく・春の服 41
- はるの ほし・春の星 25
- はるの みぞれ・春のみぞれ 29
- はるの やみ・春の闇 25
- はるの よ・春の夜 25
- はるの よい・春の宵 25
- はるはやて・春疾風 27
- はるひがさ・春日傘 41
- はるめく・春めく 17
- はるやすみ・春休み 40
- はるを まつ・春を待つ 140
- ばんか・晩夏 76
- ばんしゅう・晩秋 108
- ばんりょく・万緑 52

ひ

- ひあし のぶ・日脚伸ぶ 141
- ビーチパラソル 73
- ピーマン 68
- ひいらぎの えだ 129
- ひいらぎの はな・ひいらぎの花 129
- ひがん 104
- ひがんばな・彼岸花 82 94
- ひぐらし 81 98
- ひごい 39
- ひこぼし 70
- ひしもち 38
- ひしょ・避暑 55
- ひなあられ 38
- ひなが・日永 24
- ひなたぼっこ・日向ぼっこ 138

く

くさばなあそび・草花遊び……43
くじら・鯨……131
くず……94
くすり ふる・薬降る……61
くま・熊……131
くも……67
くもの みね・雲の峰……53
くり……100 103
くりごはん……12 100
クリスマス……134 147
クリスマスイブ……134
クリスマスケーキ……134
クリスマスツリー……134
クリスマスプレゼント……134
クリスマスリース……134
クリスマスローズ……128
くりひろい・くり拾い……100
くりめいげつ・くり名月……103
くれの あき・暮れの秋……108
クローバー……31
クロッカス……30
くろはえ・黒南風……58
くわがたむし……66
くわの み・桑の実……50 65

け

けいちつ・啓蟄……18 144
けいとうか・鶏頭花……80 95
けいろうの ひ・敬老の日……105
げし・夏至……51 52 145
げっこう・月光……102
げんげ……31
けんそううん・巻層雲……24

こ

こいのぼり……39 45
こうま・子馬……35
こうよう・紅葉……84 95 96 108 112
こうらく・黄落……97
こおり・氷……116 125
こおろぎ……98
こがらし・木枯らし……121 122
ごぎょう・御形……20 31 133
こくう・穀雨……44 145
こくしょ・酷暑……54
こごい……39
コスモス……82 95
こたつ……41 138
こち・東風……26
こっかん・酷寒……118
こなゆき・粉雪……126
こねこ・子猫……35
このめおこし・木の芽起こし……29
このめかぜ・木の芽風……27
こはるびより・小春日和……112 120
こま……137
こよみ……144 147
ころもがえ・衣替え……70

さ

さいまつ・歳末……135
さえずり……19
さくら……22 24 27 28 32 37 46 97
さくらぜんせん・桜前線……32
さくらもち……32 46
さくらもみじ・さくら紅葉……97
さくらんぼ……68
ささ……71
さざえ……37
さざんか……129
さしば……99 109
ざぜんそう・座禅草……16 30
さつきあめ・五月雨……60
さつきばれ・五月晴れ……62
さつきやみ・五月闇……63
さつまいも……85 100
さみだれ……60
さむし・寒し……118
さゆ・冴ゆ……115
ざらめゆき・ざらめ雪……127
さるすべり……65 77
さわやか……86
さわら……37
さわらの みそづけ……37
さんかんしおん・三寒四温……141
ざんしょ・残暑……81
サンタクロース……134
さんにんかんじょ……38
さんま……101
さんまの しおやき……101

し

しいたけ……100
しおひがり・潮干狩り……37 42
しか・鹿……99
しぐれ・時雨……87 98 124
しずりゆき・しずり雪……127
しだれざくら・枝垂桜……33
しちごさん・七五三……105 146
しっぷう・湿風……58
しまりす……131
じむし あなを いず・地虫穴を出ず……35
しめかざり……136
しめじ……100
しめじの すいもの……100
しも・霜……45 85 87 121 125
しもの はな・霜の花……125
しもばしら・霜柱……125
しもよ・霜夜……121
シャボンだま・シャボン玉……43
しゅうう・驟雨……60
しゅうえん・秋園……95
じゅうごや・十五夜……93 102
じゅうさんや・十三夜……103
しゅうぶん・秋分……83 104 115 146
しゅうりん・秋霖……92
しゅんぎょう・春暁……18
しゅんじん・春塵……27
しゅんせつ・春雪……23
しゅんちゅう・春昼……21
しゅんぶん・春分……19 57 83 144
しゅんみん・春眠……41
しゅんらい・春雷……23
しゅんりん・春霖……29
しょうがつ・正月……132 136 147
しょうかん・小寒……116 147
しょうしょ・小暑……52 145
しょうせつ・小雪……113 147
しょうまん・小満……49 145
しょか・初夏……48
しょき・暑気……54
しょしゅう・初秋……80
しょしょ・処暑……81 146
しょちゅうみまい・暑中見舞い……71
しょとう・初冬……112
じょやの かね・除夜の鐘……135
しらうお・白魚……37
しらうおめし……37
しらさぎ……52 67
しらはえ・白南風……58
しろかき・代掻き……50
しろつめくさ・白詰草……31 44
しんきろう・蜃気楼……23
しんしゅん・新春……136
しんせつ・新雪……126
しんたまねぎ・新玉ねぎ……36
じんちょうげ・沈丁花……19 31
しんまい・新米……107
しんりょう・新涼……80
しんりょく・新緑……13 48

す

すいか……68
すいかわり……73
すいせん・水仙……128
スキー……139
すきまかぜ・隙間風……123
スケート……118 139
すすき……83 94 102 110 113
すずし・涼し……52 78
すずしろ(だいこん)……133
すずな(かぶ)……133
すずむし・鈴虫……98
すずめ……107 130
すずらん……49 64
ストーブ……41 138
すみれ……21 30
ずわいがに……133

せ

せいじゅ・聖樹……134
せいたかあわだちそう……83 94
せいめい・清明……21 145
せいや・聖夜……134
せきうん・積雲……24
せきらんうん……56
せつぶん・節分……137 147
せみ……66 78 98
せり……36 133
せんりょう・千両……129

そ

そうこう・霜降……85 146
そうしゅん・早春……16
そうばい・早梅……129 141
そうめん・素麺……69
そつえんしき・卒園式……40 144
そつぎょうしき・卒業式……40 144
そめいよしの・染井吉野……21 33
そらまめ・空豆……36
そらまめごはん……36

た

たい……37
たいいくの ひ・体育の日……105
だいかん・大寒……117 147
だいこん・大根……112 132
だいこんひき・大根引き……112
たいしょ・大暑……53 145
たいせつ・大雪……114 147
たいふう・台風……90
たうえ・田植え……50
たきび・たき火……113
たこあげ……137
たちあおい……53 64
たなばた・七夕……70 145
たにし……35
たぬき……131
たらのめ・たらの芽……36
たんごの せっく・端午の節句……39
たんざく・短冊……71
たんじつ・短日……115
たんぼ……84
たんぽぽ……12 18 20 30 141

ち

ちちの ひ・父の日……39
ちまき……39
ちゃつみ・茶摘み……45
ちゅうげん・中元……71
ちゅうしゅう・仲秋……83
チューリップ……30
ちょう……34
ちらしずし……38

さくいん

あ

あおあらし・青嵐……59
あおがえる……50 78
あおぎた・青北……91
あおた・青田……53
あおたかぜ・青田風……59
あおば・青葉……49 59 78
あかとんぼ……98
あき うらら・秋うらら……85
あき おしむ・秋惜しむ……108
あき きたる・秋来る……80
あき すむ・秋澄む……86
あき たつ・秋立つ……80
あき ちかし・秋近し……77
あき ふかし・秋深し……108
あきかぜ・秋風……90
あきぐもり・秋曇り……88
あきさめ・秋雨……92
あきしぐれ・秋時雨……92
あきじめり・秋湿り……92
あきなす・秋なす……101
あきの あさ・秋の朝……89
あきの あめ・秋の雨……92
あきの いりひ・秋の入り日……89
あきの いろ・秋の色……85
あきの くも・秋の雲……88
あきの くれ・秋の暮れ……89
あきの こえ・秋の声……83
あきの しも・秋の霜……87
あきの そら・秋の空……88
あきの た・秋の田……84
あきの ななくさ・秋の七草……94
あきの の・秋の野……82
あきの はつかぜ・秋の初風……80
あきの ひ・秋の日……85
あきの ひる・秋の昼……82
あきの ゆうやけ・秋の夕焼け……109
あきはじめ・秋初め……80
あきばれ・秋晴れ……88
あきひがん・秋彼岸……104 146
あきまつり・秋祭り……104
あきめく・秋めく……80
あげはちょう……45 51 66
あけび……95
あさがお・朝顔……64
あささむ・朝寒……86
あさなぎ・朝凪……59
あさやけ・朝焼け……57
あさり……37 42
あさりじる……37
あじさい……62 65
あたたか・暖か……22
あつし・暑し……52
あぶらでり・油照り……55
あまのがわ・天の川……70 121
あめ……17 28 44 60 62 92 124
あめんぼ……66
あやめ……51 64
あゆ……69
あゆの しおやき……69
あらぼし・荒星……121
あられ……125
ありあけづき・有明月……89

い

いき しろし・息白し……116
いきもの……34 66 98 130
いざよい・十六夜……103
いそあそび・磯遊び……42
いちょう……97
いてぐも・凍雲……120
いとざくら……33
いなすずめ・稲すずめ……107
いなづま・稲妻……87
いなほ・稲穂……106
いぬたで……82 94
いね……20 44 50 53 84 87 106 113
いねかり・稲刈り……106
いねかりき……106
いねほす・稲干す……107
いのしし……99
いもほり・いも掘り……100
いもめいげつ・芋名月……102
いろなき かぜ・色なき風……90
いわしぐも・鰯雲……77 83 88

う

うえた・植田……51
うきねどり・浮寝鳥……130
うきわ……73
うぐいす……17 34
うげつ・雨月……93
うさぎ……131
うすい・雨水……17 144
うすもみじ・薄紅葉……96
うちみず・打ち水……75
うちわ・団扇……75 76
うど……36
うなぎ……69
うなぎの かばやき……69
うま こゆる・馬肥ゆる……99
うみ……42 73
うみびらき・海開き……73
うめ・梅……17 26 31 129
うめ ほころぶ・梅ほころぶ……17
うめごち・梅東風……26
うらぎんしじみ……130
うららか……22
うんどうかい・運動会……105

え

えだまめ・枝豆……52 68 103
えのきの み・えのきの実……95 109
えんしょ・炎暑……54
えんそく・遠足……40
えんてん・炎天……55
えんてんか・炎天下……55

お

おおしまざくら・大島桜……33
おおそうじ・大掃除……135
おおばこ……43
おおばこずもう・おおばこ相撲……43
おおみそか・大晦日……135 147
おくりづゆ・送り梅雨……63
おしどり……115 130
おせち・お節……136
おたまじゃくし……35
おちば・落ち葉……114
おちぼ・落ち穂……107
おでん……132
おとしだま・お年玉……136
おびな……38
おぼろづき・おぼろ月……25
おみなえし……94
おやまあらい・御山洗い……93
おりひめ……70

か

か・蚊……66
かいこ・蚕……34
かいすいよく・海水浴……73
かえで……97 109
かえりばな・帰り花・返り花……113
かえる……35 46
かかし……107
かがみもち・鏡餅……136
かき・柿……85 97 101 110 112
かきごおり・かき氷……69
かきつばた……64
かきもみじ・柿紅葉……97
かげろう・陽炎……23
かざぐるま・風車……43
かざはな・風花……127
かじかむ……116
がじょう かく・賀状書く……135
かしわもち・柏餅……39
かすみ・霞……23 87
かぜ……26 58 90 122
かぜ かおる・風薫る……49
かぜ しす・風死す……59
かぜ ひかる・風光る……27
かたつむり……62 67
かたばみ……31
かつおの たたき……69
かっこう……67
かどまつ……136
かとりせんこう・蚊取り線香……75 76
かにみそ……133
かぶ……133 142
かぶと……39
かぶとむし……66
かぼちゃ……101
かぼちゃの にもの……101
かまいたち……123
かまきり……81 98
かまくら……139
かみなり……23 61 87 119
かむりゆき・冠雪……126
かも……114 130
かや・蚊帳……75
からかぜ・空風……122
からつゆ・空梅雨……63
かり・雁……91 99
かりた・刈り田……106
かりわたし・雁渡し……91
かるた……137 142
かれおばな・枯れ尾花……113
かれくさ・枯れ草……115
かれの・枯れ野……117
かわせみ……67
かんえん・寒猿……131
かんぎく・寒菊……128
かんげつ・寒月……121
かんすずめ・寒すずめ……116 130
がんたん・元旦……136
かんつばき・寒つばき……129
かんの あめ・寒の雨……140
かんの いり・寒の入り……116 140
かんの もどり・寒のもどり……22
かんぱ・寒波……118
かんろ・寒露……84 146

き

きう・喜雨……61
ききょう……94
きく・菊……81 95
きご……13 14 46 78 110 142
きじ……34 45
きたかぜ・北風……122
きつつき……99
きつね……131
きのこがり・きのこ狩り……100
きのね あく・木の根開く……16
きのみ……95
きびあらし・きび嵐……91
きまもり・木守り……112
きもだめし・肝試し……72
キャンプ……72
きゅうり……68
ぎょうじ……38 40 42 70 72 74 102 104 106 134 136 138 144
きょうちくとう……65
きり・霧……87
きりさめ・霧雨……93
きり ひとは・桐一葉……81 110
きんぎょ・金魚……67 74
ぎんなん……97 101
きんぷう・金風……90
きんもくせい……92 95

監修
神野紗希（こうのさき）

俳人。1983年愛媛県松山市生まれ。高校時代、俳句甲子園をきっかけに俳句を始める。お茶の水女子大学文教育学部日本語日本文学コース修士課程修了。句集に『星の地図』（マルコボ.com）、『光まみれの蜂』（角川書店）。著書に、『日めくり子規・漱石　俳句でめぐる365日』（愛媛新聞社）、『30日のドリル式　初心者にやさしい俳句の練習帳』（池田書店）など。現代俳句協会青年部長。明治大学・聖心女子大学講師。

こども きせつのことば絵じてん
2019年　9月10日 初版発行
2019年 12月20日 小型版発行

装丁 ―――― 大薮胤美（フレーズ）
本文デザイン ―― 平野美波（フレーズ）
表紙立体制作 ―― 仲田まりこ
イラスト ―――― 今井未知
かとうともこ
鴨下潤
鈴木真実
竹永絵里
竜田麻衣
ニシハマカオリ
ふじのきのみ
山本亜貴子
わたなべふみ
撮影 ―――― 糸井康友
校正 ―――― 村井みちよ
編集協力 ―――― 加藤千鶴
編集・制作 ―――― 株式会社 童夢

こども きせつのことば絵じてん　小型版

2019年12月20日　第1刷発行

監　修　　神野紗希
編　者　　三省堂編修所
発行者　　株式会社 三省堂　代表者 北口克彦
発行所　　株式会社 三省堂
〒101-8371 東京都千代田区神田三崎町二丁目22番14号
電話　編集（03）3230-9411　営業（03）3230-9412
https://www.sanseido.co.jp/
印刷所　　三省堂印刷株式会社

落丁本・乱丁本はお取り替えいたします。
ISBN 978-4-385-14338-5〈小型きせつのことば絵じてん・152pp.〉